5급 사무관을
때려치우다

고시 수석 합격자의 퇴사 이야기

5급 사무관을
때려치우다

황온후 지음

좋은땅

들어가며…

'책을 어떻게 써야 하지?' 이 물음이 이 책을 쓰는 데 나를 가장 괴롭힌 질문이었던 것 같다.

책이란 결국 하고 싶은 이야기를 전달하기 위한 매개체다. 결국 이 책을 통해 내가 하고 싶은 이야기는 무엇인가 가장 먼저 고민해 보았다. 첫 번째로는 고시 수석을 하고도 관두고 스타트업을 다니는 흥미로운 이야기 그 자체. 두 번째로는 그 과정에서 겪은 고민과 고통을 통해 나와 같은 진로 고민을 하는 사람들에게 전하는 위로와 공감의 이야기. 마지막으로는 직업, 진로, 적성, 꿈 등에 대한 내 생각과 사회에 던지고 싶은 질문들. 이렇게 세 가지로 나눌 수 있을 것 같다는 생각이 들었다. 어떻게 글을 구성해야 이 이야기들이 곡해 없이 잘 전달될 수 있을까 고민하다가 결론을 내렸다. 첫 번째와 두 번째 이야기를 Part 1으로 묶고 세 번째 이야기를 별도로 Part 2로 분리하자.

그렇다면 먼저 첫 번째와 두 번째 이야기인 Part 1은 어떻게 풀어내야 할까. 내가 원하는 위로와 공감의 메시지를 전달하기 위해서는 나라는 개인이 놓인 상황에 대한 설명이 되어야 할 것 같았다. 그러나 그렇게 되면 유명하지도 않은 사람의 일대기가 될까 봐 걱정도 되었다. 하지만 그렇다고 시간적 순서를 무시한 채 서술하는 것 역시 난잡한 책이 될 것 같았다. 그래서 절충안을 찾고자 했다. 가능한 큰 질문을 중심으로 챕터로

5급 사무관을 때려치우다

묶고자 했고, 시간대를 명확하게 설명하면서 사고의 선후를 명료하게 전달하고자 노력했다. 그래야 어떠한 사고 과정과 감정을 거쳐서 지금의 감정과 사고에 이르렀는지 조금이나마 더 선명하게 전달이 가능할 것 같았다. Part 1까지만 읽어도 이 책의 핵심 메시지는 모두 전달될 것이다. 여기서 저자의 생각이 더 궁금한 독자들은 Part 2 부분으로 이어지는 책의 후반부를 읽어 보면 된다. Part 2 부분은 블로그 글처럼 하나의 주제에 대한 내 생각을 써 내려간 글이기에 정독할 필요도 순서대로 읽을 필요도 없다. 관심 가는 주제만 질문만 발·췌독하기를 권한다.

이러한 내 노력과 마음에도 불구하고 이 책은 여전히 많이 부족할 것이라는 생각이 든다. 한 챕터 내에서 하고 싶은 말이 너무 넘쳐나서 뭉개지는 챕터도 있을 것이고, 억지로 만들어 낸 형식적인 챕터도 있을 것이다. 이 책의 모든 페이지가 이해가 잘되고 재미가 있다면 참으로 다행이겠지만 그렇지 않더라도 단 한 문장이라도 읽는 분들의 인생에 작은 도움이나마 되었으면 한다.

목차

Part 2 담지 못한 하고 싶은 말

Part 1

5급 사무관을 관두기까지…

"내 인생에서 직장과 관련하여
단 하나를 잡는다면 무엇을 잡을 것이냐?"

사무관을 관둠에 대한
나의 마음

만약 당신의 자식 혹은 애인 혹은 배우자 혹은 친한 친구가 고시 출신 사무관(5급 공무원)인데 갑자기 직장이 적성에 안 맞는다고 관두겠다고 하면 어떤 말을 해 줄 것인가? 심지어 그것도 다른 전문직도 대기업도 아닌 언제든 망할 수 있는 스타트업을 하겠다고 관두는 것이라면 무슨 말을 해 줄 것인가. 진심 어린 응원과 이해를 해 줄 수 있는 사람은 없지 않을까. 험한 말이 안 나오면 다행일 것이다. '25세 행시 토목직 수석 합격한 사무관, 스타트업으로 이직.' 내가 이직 당시 나왔던 뉴스 기사 제목이다. 실제로 이 기사에는 수많은 댓글이 달리고 만나는 주변 사람마다 질문이 쏟아졌다. '얼마나 요즘 공직이 문제가 많으면 저러냐?', '저게 맞지. 요즘 공직은 메리트가 없다', '그래도 좀만 참지. 나중에 후회할 텐데…', '돈을 얼마나 주길래 간 걸까??', '집에 돈이 많나 보다. 저런 좋은 직업을 때려치우고~'. 그나마 제삼자에 대한 말이기에 오히려 이 정도 수위에 그치지 않았을까 하는 생각도 있다.

혹자는 잘했다면서 공직을 깎아내리고, 혹자는 이직을 깎아내리면서 공직을 치켜세우고, 혹자는 조건 자체를 궁금해하기도 하고 참 다양한 질문이 있었다. 그런데 막상 질문들에 대해 깊이 생각해 보니 사람들의 생각이 크게 다르지 않은 것 같았다. '이직'과 '사무관'에 대해 큰 무게감을

5급 사무관을 때려치우다

부여한다는 것. 그래서 공직의 잘못된 점을 지적하기도, 나의 선택을 지적하기도, 그 이면의 조건에 대해서 궁금해하는 것이 아닐까.

그러나 이것은 내 가족, 친구, 혹은 제삼자가 객관적으로 멋있고 조건이 좋은 직업을 관두고 무모하다시피 도전하는 그런 이야기에 대한 칭송이나 비평이 아니다. 그냥 평범한 청년이 자신과 맞지 않는 직업을 선택하고 관두기까지에 관한 진솔한 고민이 담긴 이야기다. 어떻게 보면 남들이 부러워할 만한 스펙과 경력을 가진 사람도 그냥 진로를 고민하는 평범한 청년에 지나지 않는다는 이야기이면서 평범한 청년이 겪은 평범한 불행에 관한 이야기다.

이러한 불행에 관한 이야기가 당연한 이야기라 생각되는 사회가 되었으면 하는 마음이 담겨 있다. 아직 우리나라는 객관적 조건이 좋은 사람의 불행에 대해 너무나 무심하니까 말이다. 불행과 행복이 객관적 조건으로 나뉘어 버리고 자신의 감정조차 인정받기 힘드니 말이다. 자신의 마음이 얼마나 힘든지는 개인이 느끼는 것이지 객관적 조건에 의해서 정해지지 않는다. 행복이 객관적 조건에 의해 정해지지 않는 것처럼 불행도 그러하다. 행복해지고자 하는 방법론을 담은 책이 아니라 우리 모두 불행할 수 있는 인간이기에 불행에 대해 조금이나마 서로 이해했으면 하는 마음을 담은 넋두리다.

또한 나는 이 책에서 내 이직과 관련하여 보통 관점과 다른 관점의 이야기를 들려주고자 한다. 공무원이 좋다 나쁘다, 스타트업이 좋다 나쁘다, 내 이직 선택이 좋다 나쁘다는 이런 가치판단은 하고 싶지 않다. 할 이유도 없다. 난 그냥 나에게 맞는 직업을 찾아 이동했을 뿐이다. 내 주관적인 적성 그 외에는 어떠한 의미 부여도 가치 판단도 하고 싶지 않다. 나에겐 이제는

'사무관'도 '이직'도 무거운 단어가 아니다. 그러나 이직 전까지만 해도 내게는 너무나도 무거운 단어였고 억지고 짊어지고 있었고 그 무게 때문에 내 모든 것이 망가지고 있었다. 하지만 이제 모두 내려놓았다. 이 이야기는 이러한 고통의 과정과 고민 그리고 내려놓음에 관한 이야기이기도 하다.

한편으로는 다음의 질문에 관한 이야기이기도 하다. 이직을 고민하면서 가장 핵심으로 생각한 질문은 이것이다. '내 인생에서 직장과 관련하여 단 하나를 잡는다면 무엇을 잡을 것이냐?' 돈인가, 명예인가, 여유인가, 전문성인가, 꿈인가.

난 신이 아니기에 일을 하면서 모든 것을 얻을 수 없다. 돈도 명예도 여유도 전문성도 꿈도 모든 것을 갖고 싶지만 불완전한 인간이기에 당연히 무엇인가는 놓칠 수밖에 없다. 하지만 인간이기에 모든 것을 가지고 싶어 하는 마음도 무시할 수는 없다. 그렇기에 잡지도 못하면서 돈도 명예도 시간도 안정성도 이것저것 다 가져가려고 억지로 잡고 버티다가 고통받고 넘겨졌다고 생각한다. 그래서 생각했다. 내가 정말 여유가 없고 힘들고 생존이 위기인 상황이라도 일을 통해서 얻고 싶은 것은 무엇일까? 잡고 있는 것만으로도 행복한 무엇인가를 찾아야 하지 않을까.

내가 어떠한 고통의 과정과 고민의 과정을 겪고 무엇을 내려놓았는지 그리고 반대로 내가 무엇을 잡았는지 그리고 어떠한 이유로 지금 잡고 있는 '단 하나'를 선택하게 되었는지를 허심탄회하게 이야기해 보고자 한다. 적성과 진로, 더 나아가 삶에 고민이 있는 모든 분이 이 책을 읽으면서 잠시나마 공감이 되고 저자의 불행과 행복의 이야기를 통해 본인들의 불행과 행복을 돌아보고 삶의 가장 중요한 '단 하나'를 찾는 데에 자그마한 나비의 날갯짓이라도 되었으면 한다.

왜 공무원을
하게 되었는지?

왜 공무원을 관두게 되었는지, 왜 공무원 생활이 안 맞는다고 생각했는지, 그 생활 속에서 어떤 고통과 고민을 겪었는지 자세히 이야기하기 위해서 먼저 내가 어떠한 이유로 어떠한 마음가짐으로 공무원이 되었는지에 대해 자세한 이야기를 하려 한다. 시작점이 어디인지를 알아야 경로와 목적지까지의 여정이 더 잘 와닿지 않겠는가.

결론부터 얘기하자면, 나는 공무원이 아닌 '고시 합격자'가 되고 싶었던 것 같다. 공무원을 하고 싶은 마음도 없었고 어릴 적에도 한 번도 생각해 본 적이 없었다. 주위 친척, 지인 중에서도 공무원이 아무도 없어서 이야기를 들어 보지도 못했다. 고시를 붙으면 사무관이 되는데 무슨 일을 하고, 어떠한 위치이고, 연봉이 어떠하고, 생활이 어떠한지 아무것도 몰랐다. 의아할 것이다. '아니, 그래도 하고 싶어서 공부하고 알아보고 했을 텐데 너무 거짓말이 심한 거 아냐?'라고 생각할 것이다. 하지만 놀랍게도 모두 진실이다. 도대체 나라는 사람은 왜 그랬는지 어릴 때부터 이야기를 통해 천천히 설명하고자 한다. 특이해 보일 수 있는 사례지만 아마 우리나라의 교육을 겪은 사람이라면 이 이야기를 듣고 나서는 이해가 되리라 생각한다. 아니, 애초에 나 같은 생각을 가지고 직업을 선택하고 적성을 고민한 사람도 수없이 많으리라 믿으며 시작해 보겠다.

초등학교 시절부터 시작해 보자. 입학하자마자 1학년 때부터 선생님들은 닦달한다. 장래 희망 적고 그림도 그려 보라고 말이다. 이렇게 초등학교에서 장래 희망을 적어 내라고 하면 내 기억의 끝은 항상 혼나거나 맞았던 모습으로 장식되어 있다. '축구선수', '우주비행사', '과학자', '의사' 등등 친구들은 다양한 꿈과 목표를 적어 내지만, 난 목표도 꿈도 없었다. 그리고 심지어 나 자신을 속이는 것을 매우 싫어했다. 그래서 항상 빈칸으로 내거나 '없음'이라고 내서 선생님들께 꿈도 희망도 없는 아이냐고 혼나고 매를 맞았던 기억이 있다.

조금 더 성장해서 중학생 이후에는 꿈에 대한 나름의 소신이 생겨서 더 혼나게 되었다. 꿈을 적어 내라고 하면 다들 당연하게 직업적 꿈을 적어 내는데 혼자서 '무인도에서 혼자 살기', '공룡 키우기', '해탈하기'와 같은 진짜 꿈을 적어서 냈기 때문이다. 정말로 되고 싶은 직업이 없었다. 그리고 직업은 꿈이 아니라고 생각했다. 재미없는 일을 하는 기계가 아닌 정말 내가 인생에서 이루고 싶은 것이 꿈이라 생각했고 스스로는 꿈과 희망이 가득한 아이가 되었다고 생각했다. 하지만 어른들이 보기에는 사회가 보기에는 여전히 꿈도 희망도 없는 아이였다.

그 와중에 고등학교는 과학고에 진학하게 되었다. 꿈도 희망도 없지만 공부는 조금 했었다. 공부를 좋아해서? 과학을 좋아해서? 아니었다. 인문계를 가기 싫어서, 일진들이랑 같이 학교 다니기 싫어서, 조금 더 나랑 맞는 사람들과 다니고 싶어서 그 일념 하나였다. 무언가 되고 싶어서 열심히 공부한 것이 아니라 그냥 이 대한민국에서 무시 안 받고 살아남으려면 공부해야 한다는 것을 어려서부터 깨달았다. 그리고 과학을 좋아해서 과학고를 택한 게 아니고 영어를 못하고 싫어해서 외고는 못 가니 과학고를 택했다. 인생의 진로를 결정하는 데 있어서 최선을 선택하는 것이 아니라 무언가를 피하고 싶어서 차악을 선택하는 삶이 이때부터 시작되었다. 인문계를 가긴 싫고 영어를 못하니 외고는 못 가고 과고를 목표로 준비했는데 운이 좋아서 붙었다. 아니, 그만큼 간절하기도 했다. 과학이 하고 싶어서라는 긍정적인 동기부여가 아닌 '인문계 가기 싫다'라는 현실적이고 쫓기는 압박이었기 때문에 그런 단기간의 성과를 거둘 수 있었다고 생각한다. 사람은 목숨이 걸려 있을 때 기적적인 힘을 발휘한다고 하는 것을 이때 깨달았다. 학교도 가지 않고 하루에 3시간씩만 자면서 공부했던 이 단기적 성공의 경험은 내 인생에 있어서 큰 도움이 되기도 했지만 때로는 큰 독으로 작용하게 된다.

그렇게 원하던 고등학교에서조차 꿈과 희망이 없는 문제는 해결되지 않았다. 오히려 진로 선택에 있어서 더 큰 문제로 다가왔다. 과학을 하고 싶지도, 연구를 하고 싶지도 않았기 때문에 몇몇 교과 활동에서 치명적으로 작용했다. 관심이 있는 과목인 수학, 물리, 지구과학의 성적은 좋으나 관심이 없는 영어, 화학, 컴퓨터 쪽은 그냥 아예 대놓고 꼴찌를 깔아 주는 형식이었다. 졸업요건으로 학기마다 과학 주제를 잡고 연구보고서를 써야 하는 것도 내게는 너무 큰 부담이었다. 이 과제를 제대로 끝마치지 못해 많이 혼나기도 했다. 그래도 이러한 적성의 문제와 다르게 내 고등학생 시절의 삶은 너무나 행복했다. 인생에서 가장 빛나는 시기가 아니었나 싶다. 잘 맞는 친구들과 행복하게 놀고 공부는 적당히 하니 인정받으면서 그렇게 행복한 시간이 지나갔다. '친구들'이라는 회피할 곳이 있다 보니 눈앞에 있는 '적성 고민'이라는 문제를 해결할 이유도 없었다. 행복하니까 상황의 심각성에서 눈을 돌릴 수 있었다. 그리고 대학교 입시가 다가왔고 나는 적성 찾기를 게을리한 벌을 받기 시작했다.

실제 대학교 입시 때가 되니 꿈과 희망이 없이 자라 온 자신을 원망하기도 했다. 다들 직업적 꿈을 따라 목표를 따라 자기소개서 쓰고 스펙을 쌓고 가고 싶은 과를 넣는데, 나는 이러한 것들이 아무것도 없었다. 진로와 적성과 관련해서 꿈도 희망도 없는 나는 대학이 원하는 인재가 아니었다. 그렇게 개인적으로는 입시에서 실패와 고통을 겪고 대학에 진학하게 되었다. 그 이후에도 이런 상황은 계속되었다. 과학고를 나왔기에 친구들은 다들 대학원에 가는데 나는 그런 것에도 관심이 없고 적성이 없었기에 어느 순간 뒤처져 버렸다. 이때부터 행복에 영향을 끼치는 심각한 고민이 시작되었다. 그리고 그 고민의 끝은 나를 고시의 세계로 향하게 했다.

대학교 1학년 때까지 내 인생은 너무나도 평범하지만, 행복한 인생이었다. 운이 좋아서 공부를 잘했고, 운이 좋아서 공부를 억지로 시키는 부모님이 아니었고, 운이 좋아서 목표한 과학고에 붙었고, 운이 좋아서 좋은 친구들을 만났다. 자연 속에서 재밌게 놀고 하면서 행복한 어린 시절을 보냈다. 하지만 '영원한 건 절대 없어'라는 말처럼 내 행복은 영원하지 않았다. 대학교 2학년부터 운은 그 방향을 바꾸기 시작했다.

고등학교 친구들은 자연스럽게 조기졸업 후 대학원으로 진로를 정했고 순조롭게 자신의 미래를 향해 달려가기 시작했다. 그에 반해 나는 전공이 안 맞아서 학부 졸업부터 의문이었다. 2학년 전공과목이 전부 C+였다. 애초에 학점 관리를 안 했다면 모르지만 1학년 4점대에 2학년 때도 교양은 A+이었다. 이때부터였다. 비겁한 선택의 대가를 치르기 시작한 건. 적성을 찾지 않은 벌을 받게 된 것은.

친구 따라 점수 따라 대학과 과를 선택했다. 그러나 그렇게 선택한 아이는 누구보다 호불호가 강한 아이였다. 고등학교 때도 원하는 과목만 잘하고 나머지는 그냥 무심하게 꼴등을 박아 버리는 아이였다. 당연히 알아보지도 않은 전공이 맞을 리가 없고 그걸 무난하게 성실하게 견뎌 낼 수도 없었다.

당연히 전과를 결심했다. 친구들은 모두 대학원 가니까 나도 대학원에 가야겠다고 또 조급하게 생각했다. 그나마 잘하고 좋아하는 수학과 수업을 듣기 시작했다. 재밌었다. 그러나 무슨 일을 할지, 수학과 대학원 가서 뭘 할지, 병역 특례가 안 되면 군대는 어떻게 할지 등등 미래가 불안해지기 시작했다. 어떠한 과목을 좋아하는 것과 그걸 미래의 직업으로 연결하는 것은 그 당시 나에게는 너무도 어려웠다. 한 번도 해 본 적이 없었기 때문이다. 그럼에도 불구하고 다행히 전공 공부는 즐거웠다. 매 공강 시간, 남는 시간에 예습, 복습을 하는데 즐거웠다. 하지만 직업의 불안감은 나의 즐거움과 별개였고 운명의 날이 다가왔다.

2013년 4월 어느 날 가장 친한 친구와 점심으로 고기를 먹었다. 그것도 오랜만에 시간을 내어 먼 곳의 프리미엄 고기 뷔페를 다녀왔다. 수업을 땡땡이치고 말이다. 전과를 결심하고 매일 예·복습을 하고 열심히 살던 나에게 의도치 않은 브레이크가 걸리고 휴식 시간이 생긴 것이었다. 그렇게 수업은 뒤로한 채 집으로 가는 버스를 탔다. 원래 생각이 많기에 억지로 바쁜 일상으로 그것을 억누르고 있었다. 하지만 이날의 갑작스러운 휴식은 억지로 막아 두었던 생각의 댐을 부수기 충분했다. 수업은 뒤로한 채 집으로 향한 날, 그날 이후 나는 학교를 나가지 않았다. 아직은 어린 만 21살 인생이 생각의 급류에 휩쓸려 급속도로 바뀌기 시작했다.

휴학하고 계획은 깔끔했다. 쉬면서 영어 점수 따서 카투사나 공군을 다녀오자. 그러면서 다음 진로를 생각해 보자. 그렇게 생전 안 하던 텝스 공부를 하고 점수를 따고 알바를 하면서 휴학 시간을 보내고 있었다. 그러나 행복에서 불행으로 방향을 바꾼 운이 가속페달을 밟기 시작했다. 그리고 불행하게도 나는 당시에는 내 운의 핸들을, 엑셀을, 기어를 다루는 법을 몰랐다. 내 인생이 불구덩이로 전속력으로 질주하는 것을 바라볼 수밖에 없었다.

시작은 어떻게 보면 당연했다. 카투사에 떨어졌다. 뭐 경쟁률이 세니 그럴 수 있다. 그다음은 공군에 떨어졌다. 역시 경쟁률이 세니 그럴 수 있다. 의경에 떨어졌다. 기분이 나쁘기 시작했다. 운전병에 떨어졌다. 일반 보병에 떨어졌다. 해병대에 떨어졌다. 일반 보병에 3번 연속 떨어졌다. 넣은 모든 군대를 떨어졌다. 내 자존감도 같이 떨어졌다.

휴학은 예상치도 못하게 1년 반으로 늘어났고, 인생을 허비하고 있단 생각에 군대조차 못 가는 병신이란 생각에 내 자존감을 바닥을 기었다. 친구들은 이미 대학원을 다니고 있었다. 우여곡절 끝에 헌혈을 해서 가산점을 받고 나서야 14년 6월에 입대를 할 수 있었다.

당시의 나는 모든 것이 너무 늦었다 생각했다. 그래서 너무 조급했다. 군대에서 빨리 나약한 정신머리를 고치고 내 길을 찾겠다고 생각했다. 누구보다 열심히 훈련에 임하였고, 글씨체 연습도 하고, 독서도 다시 열심히 하면서 내 모든 것을 갈아엎었다. 그러나 결국은 또다시 선택에 있어서 비겁한 선택을 하고 말았다.

생각의 시작부터가 너무 현실적이었고 어떻게 보면 비겁했다. 내가 남들보다 잘하는 것 그리고 한 방에 끝날 수 있는 것을 선택하자. 하지만 그

5급 사무관을 때려치우다

당시 내 선택이 잘못되었다고 생각하지 않는다. 그냥 경험이 부족했다 생각한다. 내 인생 자체가 저렇게 살아왔으니까. 항상 내가 할 수 있는 노력만큼 투자해서 성과를 내 왔으니까. 그렇게만 목표를 잡아 왔고 그러한 성공의 맛만 봤으니까. 이번에도 그러고 싶었다. 계속해서 꾸준하게 하는 것이 아닌 한 방! 한 번만 또 열심히 올인해서 끝내고 싶었다. 이 진로의 고민을 아니 앞으로의 인생의 고민을….

그 결과 정말 나에게 어울리는 고시를 보기로 결심했다. 내 학창 시절을 곁에서 접한 사람이면 모두가 이해 못 할 결정이었다. 시험이 문제가 아니라 공무원 생활에 전혀 맞지 않는 사람이기 때문이다. 하지만 나는 이번에도 그런 적성과 관련한 문제는 뒤로 밀어 두었다. 내가 노력하면 고시는 붙을 것 같으니까. 대한민국에서 공부로 인생 역전할 수 있는 방법이라고 들었으니까. 앞서가는 친구들을 따라잡을 유일한 방법이니까. 비싼 로스쿨 등록금, 의전 등록금 없이도 빠르게 사회적 계급을 얻을 수 있으니까. 붙으면 안 잘리고 연금도 나온다니까. 공부는 자신 있었고 공무원이 어떤 직업인지는 몰랐고 알고 싶지도 않았다. 그렇게 사무관이 뭔지도 모르고 공무원이 되고 싶은 것이 아닌 합격자가 되고 싶은 괴상한 고시생이 탄생했다.

지금 글을 쓰면서 다시 생각해 보니 한심해서 뒤통수를 한 대 치고 싶다. 아니, 그 수준을 넘어서 너무 어이가 없어서 웃음이 나온다. 앞으로 평생을 할 직업인데, 무슨 일을 하는지, 생활은 어떠한지 아무것도 모른 상태에서 그냥 공부가 할 만하니까 결정한 상황. 그런데 슬프게도 한 번 더 생각하니 어이가 없지 않고 너무 합리적이다. 왜냐하면 나는 학교에서 자라면서 한 번도 내 적성에 관한 제대로 된 교육을 받거나 멘토링을 받아 본 적이 없다. 시험기간이라서 공부하고, 고등학교 가야 해서 공부하고, 대학교 가야 해서 공부했을 뿐이다. 그러니 당연히 지금도 직장을 얻기 위해 공부를 한다는 생각뿐이었고 그럼 공부를 할 만한 직장을 택한 것뿐이다. 너무나도 합리적이고 너무나도 이성적이었기에 벌어진 일이었다.

합리적이고 이성적인 결심이었기에 그 이후로는 흔들림이 없었다. 아마 그 시기의 나는 겉으로 보기에는 정말 공무원이 되고 싶고 엄청난 동기가 있는 사명감이 가득한 아이였을 것이다. 그만큼 공부에 몰입해 있었고, 합격을 하고자 하는 목표에서 한시도 눈을 떼지 않았다. 군대에서 허리를 다치고 목을 다쳤지만 최소한의 해야 하는 시험 준비는 모두 끝내고 전역하였다. 전역 후에는 다친 허리 재활을 하면서 서서 공부하다가 아킬레스건이 나갔다. 과도한 스트레스로 말을 할 수 없을 정도로 목이 붓고 양치를 하면 목에서 피가 났다. 세상이 억지로 나를 시험하는 것 같았지만 절대 포기하지 않았다. 오히려 더 독하게 운동하고 매일 양배추와 닭가슴살을 씹으며 식단관리를 했다. 그렇게 열심히 공부하였고 운도 따라 주어 수석 합격이라는 결실을 이루어 냈다. 그렇게 공부만 자신 있어서 고시를 택했던 아이는 자신이 앞으로 무슨 일을 하게 될지도 모른 채 원하던 '합격자'가 되었다. 곧 '공무원'이 되어야 하는 것은 까맣게 모른 채 웃고 있었다.

왜 공무원에
맞지 않았는지?

─────────────────○─────────────────

    지금까지 왜 공무원이 되었는지 어처구니없는 이유에 대한 설명을 했다. 이해가 간 사람들도 있을 테고 여전히 의심의 시선을 거두지 못하는 사람도 있을 것이다. 이제는 이렇게 힘들게 된 공무원이 어떤 면에서 나와 맞지 않았는지 얘기해 보려 한다. 매우 많은 부분이 맞지 않았기에 하나하나 천천히 짚고 넘어가려 한다. 뭘 그렇게 자세하게 얘기할 필요가 있냐 할 수 있지만, 이렇게 세부적으로 분류하여 생각하고 고민하여 나의 적성을 찾게 되었고 이직에 대한 결심을 하게 되었기에 매우 중요한 작업이라 생각한다. 자신이 현재 하고 있는 일과 자신의 적성이 막연하게 맞지 않다고 느끼시는 분들도 나와 같은 사고의 과정을 거치면 조금 더 명확하게 스스로에 대해 판단하고 올바른 선택을 할 수 있게 되지 않을까 싶다. 단순히 '아, 이러한 이유가 공무원이라는 직장의 객관적 문제구나' 가 아니라 '아, 이 사람은 이러한 식으로 스스로의 직장 적성에 대해 고민했구나'라는 시각으로 봐 주면 좋을 것 같다. 진로와 적성 문제에 있어서 절대적인 정답은 없기 때문에 적성에 대해 고민한 사고의 과정에 조금 더 집중해서 이야기를 읽어 주면 좋을 것 같다.

가. 직장을 선택한 동기

자기소개서에서 항상 빠지지 않는 직장에 지원한 동기. 형식적이고 뻔할 수 있지만 직장에 대한 개개인의 가치관이 가장 잘 담겨 있는 부분이 직장 선택 동기가 아닐까 싶다. 나의 공직 동기는 다른 합격자들과 매우 차이가 컸다. 그리고 이 차이는 거대한 괴리감이 되고 그 괴리감은 내가 공무원에 부적합한 사람임을 알려 주는 큰 벽이 되었다.

나는 고시를 붙었지만 사무관이 무슨 일을 하는지, 대우가 어떠한지, 사회에서의 시선이 어떠한지, 연봉이 어떠한지, 일을 많은지, 주로 어떤 사람들이 모여 있는지 아무것도 몰랐다. 그냥 공무원 붙으면 철밥통이라는 사회의 속설만 알고 있었다. 즉 나는 공무원에 대한 아무런 기대감도 자부심도 없이 공직 생활을 시작하게 된 것이다. 공직 선택 동기가 아무것도 없었다. 철밥통이란 것도 사실 엄청난 동기는 아니었다. 가장 큰 동기는 과고 친구들에게 밀리지 않게 나도 빨리 무언가 성과를 내야겠다는 쫓기는 마음뿐이었다. 그렇게 수석 합격을 해서 성과를 냈으니 더 이상 남은 내적 동기는 없었다. 공무원을 하고 싶은 해야 하는 이유는 아무것도 없었다. 붙었으니까 해야 되는 상황이었다. 반면 대부분의 동기들은 완벽하게는 아니어도 어느 정도 정보를 갖고 동기부여가 있었다. 중요한 큰일을 하고 싶어서, 사회적 명예가 높은 점이 좋아서, 안정적인 면이 좋아서, 권력을 갖고 싶어서 등등 그게 실제 공직과 맞고 틀리고를 떠나서 자신이 생각하는 얻고 싶은 바가 있었고 기대감이 있었고 자부심('뽕')이 있었다.

직장을 선택할 때 어떠한 마음가짐으로 선택했는지가 중요하다는 것은 누구나 알 것이다. 그 기대와 달라서 실망하게 되고 이직을 고민하게 되는 것이 대부분이니까 말이다. 하지만 나는 단순히 기대와 다른 수준이 아니었다. 기대 자체가 없었다. 아무리 정보가 없었다 한들 붙고 나서 1년간 유예하면서 귀동냥으로라도 들었을 텐데 그 기간이 지나서도 어떤 기대감도 자부심도 뽕도 없었다. 즉, 흔히들 고시를 택한 이유인 명예, 안정감, 사회적 인정, 큰일, 권력 등에 대해서 아무런 관심도 없었던 것이다.

'기대가 없으니 실망할 일도 없는 거 아니냐?'라고 할 수도 있다. 하지만 내 경우에는 전혀 아니었다. 보통은 기대와 다르다고 해도 완벽하게 다른 경우는 드물다. 어느 정도 기대한 요소 중 일부는 만족시켜 주지만 그 과정이나 다른 요소에 있어서 기대와 너무 다른 부정적 요소가 있기에 사람들은 실망을 하는 것이다. 즉 플러스 요소와 마이너스 요소가 공존하며 갈등이 시작되는 것이다.

하지만 나의 경우는 어느 정도 귀동냥을 통해 정보를 접했음에도 전혀 기대가 생기지 않았다. 즉, 이곳에서 보편적으로 얻을 수 있다고 여겨지는 것들이 내 인생에 큰 플러스 요소라고 여기지 않았던 것이다. 명예, 안정감, 권력, 사회적 인정 등이 내게는 직업의 플러스 요소로서 크게 와닿지 않았던 것이다. 즉 들어가기 전부터 이러한 것들로 직업에서 아무런 플러스도 얻을 수 없는 상황이었던 것이다. 물론 그 당시에는 아직 일을 시작하기 전이었기에 이로 인한 직접적인 우울증이나 고통보다는 위화감과 괴리감 정도에 그쳤다. 그러나 적어도 그 괴리감은 내가 공무원에 적합하지 않은 인재임을 머릿속에 일러 주기엔 충분했다.

나. 연수원 입교 전부터 느껴진 괴리감
(사람과의 맞지 않음 1편)

이제부터 실제 동기들과 어울리면서 겪은 다양한 사례들을 통해 느낀 괴리감과 사람 성향 자체의 차이를 말하고자 한다. 계속해서 이야기하겠지만 내가 공직과 맞지 않은 점, 동기들과 다른 점을 강조하고 세세하게 말하는 것은 단순히 '나는 너희들과 달라'라는 중2병스러운 자기과시의 목적이 아니다. 이러이러한 나의 성향 때문에 공직과 맞지 않았으니 독자들이 이를 참고하고 본인의 성향과 비교하고 진로 고민, 적성 고민에 조금이라도 실질적인 도움이 되었으면 하는 목적이다. 막연하게 공직이 이러하니까 이직했다는 것은 덜 와닿지 않겠는가. 어떠한 성향이 옳고 그르다는 것이 아니라 이 단체는 이러한 성향이었는데 나는 그와 다른 성향이었다는 사실을 이야기하고자 한다. 실제로 현실에서 누군가는 직장에 잘 다니고 누군가는 힘들어하는 현상이 발생하는 것은 사람의 성향이 그만큼 다양하고 차이가 크기 때문이라고 생각한다. 각 조직마다 메인 특성이 존재하고 이와 다른 특성을 가진 사람들은 무언가 맞지 않아 직장을 다니는 데 고통을 느끼기 마련이다. 비단 공직에서 고민하는 사람만을 위한 이야기가 아니다. 공직의 특성과 비슷한 특성을 가지고 있는 조직이라면 아니, 특성이 다르더라도 이렇게 조직의 특성과 개인의 특성을 분류하고 분석하는 과정을 경험한다면 조금 더 본인의 직장, 목표와 자신의 적성을 비교 분석하는 데 도움이 될 것이다. 노파심에 부연 설명이 길어졌는데 다시 본론으로 들어가겠다.

군이 연수원 입교전을 별도의 파트로 나눈 이유는 나는 합격 이후 학교

졸업이 많이 남아 연수원 입교를 1년 유예하였기 때문이다. 1년 6개월 정도를 합격자 신분으로 자유롭게 살면서 같은 유예생 등 연수원 동기들과 정말 많은 시간을 보내면서 많은 것을 느꼈기에 별도로 편성하였다.

합격 후 시험과 관련된 업무 활동을 할 것이 있어서 약 20명 정도의 합격 동기이자 유예 생활 동기들과 2주간 합숙 생활을 하게 되었다. 이때가 괴리감의 첫 시작이었다. 나는 어릴 때부터 조금은 특이하단 말을 들어왔고, 또 과학고를 나왔고, 연대 공대를 다니면서도 고등학교 친구들하고만 놀고 대학 친구들이 없었다. 고시반도 공대생뿐이었다. 그렇게 극이과 공대생이 처음으로 문과의 집단에 들어가게 된 것이다. 여기까지만 보면 극T, 남초사회에서 생활하던 사회성이 부족한 내향형 인간이 고통받는 그림이 상상되었을지도 모른다. 하지만 그것과도 좀 다르다. 난 내향형이지만 어디 가서 사람과 못 어울리지는 않는다. 객관적으로 눈치를 보지 않고, 텐션이 낮지도 않고, 취미도 다양하고, 에피소드도 많고, 말을 재밌게 하는 편이기에 사람을 사귀는 데는 큰 문제가 없다.

실제로 저 합숙생활도 겉으로 보기에는 아무 문제 없었다. 2주 동안 너무 재밌게 놀고 아주 가까워졌다. 하지만 나 스스로는 느끼기 시작했다. '와, 어떻게 이렇게 다르지?' 그 이후로도 많은 사람들과 다양한 모임을 하고 정말 많은 연수원 동기들을 미리 만나면서 많은 괴리감과 현자타임을 겪었다. 어떤 점을 다르다 느꼈는지 정말 일상적인 언어로 편하게 전달하겠다. 당시 동기들한테도 항상 하던 이야기라 뒷담화라고 느끼지 않으셔도 된다. 이미 앞에서 많이 한 이야기다.

'나는 혼자 있는 시간을 선호하지만 이들은 확실히 다른 사람과 어울리는 것을 더 좋아한다', '나는 확실히 내 취향과 자기주장을 강하게 이야기하지만 이들은 그렇지 않다', '나는 타인에 관심이 적지만 타인에 대한 관심이 아주 많다', '대화에 있어서 드립이나 티키타카가 적다.', '규칙과 관습을 잘 지키고 그런 것에 대한 의문을 덜 가진다', '그렇기에 일단 시킨 것은 어떻게든 의문 없이 끝까지 잘한다', '타인의 눈치를 너무 많이 보는 것 같이 느껴진다. 이미지 관리를 중요시한다', '내 기준으로는 확실히 재미가 없다. 같이 놀 때 내가 광대 역할을 해야 하는데, 나는 재미가 없기에 현타가 온다'.

이런 것들이 나쁘다고도 좋다고도 생각 안 한다. 오히려 어떻게 보면 그냥 내가 배려 없고 싸가지 없는 독고다이인 것으로 볼 수도 있다. 관점의 차이고 그냥 이런 점들이 다르다는 객관적인 상황을 전달하는 것이다. 또 누군가는 '에이, 그냥 네가 만났던 일부가 그랬던 것 아니야?'라고 말할 수 있다. 사실 정말로 '일부'가 그랬다면 이렇게 이야기를 꺼내지도 않았을 것이다. 오히려 '일부'가 아닌 '빙산의 일각'이었다. 앞서 나열한 저런 점들은 연수원 이후부터 본격적으로 더 이상 '일부'의 특징이 아닌 내가 속한 '단체의 특성', '단체의 힘'이 되어 내게 상처를 주고 내 삶을 뒤흔들기 시작했으니까 말이다.

다. 연수원 이후 느껴진 사람 자체의 다름
(사람과의 맞지 않음 2편)

지속적으로 반복적으로 이야기할 수밖에 없다. 내가 말하는 다름에는 좋고 나쁨이 들어가 있지 않다. '공무원들이 이러이러하니 나쁘다', '나를 괴롭게 했다', '내가 옳고 나랑 다르니까 나쁘다'고 말하고 싶은 게 아니다. 그냥 내가 왜 안 맞아서 나왔는지 설명하기 위해 조목조목 다른 점을 더 명확히 얘기하는 것이고 그 점들이 나쁘다고도 좋다고도 생각 안 한다. 그냥 그 집단은 그 사람들은 그러한 사람들이고, 나는 또 나의 특성을 가진 그러한 사람일 뿐이다. 이 점을 부디 명심하고 앞으로의 이야기를 들어 주길 바란다.

연수원 입교 전 맞지 않는 점을 말하며, 나열한 특징들이 모두 연수원 입교 후 공무원이라는 단체가 되면서 엄청나게 더 강해졌다. 분명 300명이 넘는 동기들은 각양각색의 특색을 지니고 있을 테고 일부가 저러한 거지 전부 저러한 것이 아닐 텐데 왜 더 강해지고 그쪽으로 극단적으로 발달했을까. '자기주장이 강하지 않으며 눈치를 많이 보고 이미지 관리를 중요시한다', '관습과 규칙을 중요시하고 의문 없이 일단 따른다' 이 두 가지 특성 때문이다.

공무원이라는 단체가 되니 개인의 색깔이 더욱 지워지고 모두가 하나의 거대한 단체의 특성을 갖게 되는 것이었다. 나는 불가능한 일이었다. 나와 맞지 않는 단체의 특성을 받아들일 만한 성향이 아니었다. 그래서 더욱 힘들었다. 밖에서 1대1로 만났으면 그래도 어느 정도 적절한 관계가 형성되었을 수도 있는 사이이지만 연수원에서 '나'와 '공무원 집단'으로 만나게 되니 그 누구와도 친해지기가 힘들었다. 그러한 의심마저 들었다. 지금 친한 사람들도 만약 연수원에서 만나게 되었어도 친해졌을까.

이러한 상황에 대해 그래프로 설명을 드리는 게 편할 것 같다. 사람의 성향을 나타내는 가상의 X축 그래프를 머릿속으로 상상해 보자. 나는 좌측 끝단에 있는 사람이다. 내가 연수원 입교 전에 만난 사람들은 그래프의 중앙 정도에 있는 사람이다. 그리고 나와 놀아 주느라 내가 있는 좌측으로 더욱 다가왔었을 것이다. 그들의 성향은 어울리는 것이기 때문이다. 나도 어느 정도 물론 중앙 쪽으로 다가갔다. 그렇기에 친해질 수 있었고 큰 고통은 없었다. 하지만 공직이란 단체에 들어가게 되었고 단체의 특성은 우측 끝단에 존재했다. 중앙에 있던 사람조차 모두 우측으로 흡수가 되었다. 그리고 집단이기에 움직이지 않는다. 나는 좌측 끝단에 있기에 집단과 나는 이제 절대 가까워질 수 없는 관계가 된 것이다.

연수원 때 있던 재밌는 일화도 있다. 연수원 중 우즈베키스탄으로 해외 연수를 간 적이 있다. 당시 심정은 국외추방 당하는 기분이었다. 맞지 않는 조원들과 10일간 해외에서 같이 생활해야 한다니 너무 답답하고 스트레스가 극심했다. 실제로 스트레스로 현지에서 장염에 걸려 고열과 설사에 시달리기도 하였다. 아무튼 우즈베키스탄에 도착해서 현지 유적지를 탐방하는 시간이었다. 나는 당연하게도 무리와 떨어져 있었고, 혼자 구경하다가 나무 그늘이 있는 벤치에 앉아 있었다. 그때 그곳에서 일하시는 현지인 3분 정도가 내 주위로 다가와서 말을 걸기 시작했다. 나도 그분들도 짧은 영어로 겨우겨우 의사소통을 했지만 너무나도 즐거웠고, 서로 소리 내며 웃기까지 했다. 그 모습을 보고 조원 중에 기존부터 친하던 친구가 '영어 잘하나 보다. 어떻게 그렇게 빨리 친해지냐? 넌 참 신기하다' 이런 식으로 얘기를 했다. 그리고 그때 나는 많은 것을 느꼈다. 같은 언어를 써도 말이 통하지 않는 사람이 있는 반면, 언어는 통하지 않아도 이렇게 마음속으로 통하는 사람이 있다는 것을 몸으로 느낀 것이다. '사람의 성향이라는 것이 이렇게 중요하구나'라고 더더욱 체감한 순간이었다.

나는 연수원이라는 단체 속에 있을 때는 재미도 느낄 수 없었고, 답답했고, 대화가 통하지 않는다고 느꼈다. 그래서 걱정이 되기 시작했다. '동

5급 사무관을 때려치우다

기들과도 이러한데 만약 부처를 가서 상사와 후임이 있는 상황이라면 나는 버틸 수 있을까?' 나도 군대를 다녀왔기에 안다. 동기라는 것은 그래도 서로 마음을 터놓을 수 있고 편한 사이라는 것. 선후임과는 완전히 다른 관계라는 것. 그런데 동기인데도 이렇게 답답함이 가득한데 이런 사람들이 전부 선후임이라면 나는 견뎌 낼 수 있을까 하는 생각이 들었다. 다가올 확실한 미래에 대한 우려가 나를 더욱 짓눌렀다. 왜냐하면 내 예측이 틀릴 수가 없었기 때문이다. 유예생활 때 겪었던 개인 간의 성향 차이가 단체가 되면서 강화가 되고 그게 확실한 '다름'이 되어 내게 압박으로 다가온 것을 겪었기에 이게 더 큰 진짜 대한민국 행정부라는 조직이 될 경우에는 상상도 못 할 압박으로 다가오리라는 것을 나는 믿어 의심치 않았다. 하지만, 아직 그래 봤자 경험하지 못한 풋내기의 걱정이었다. 아직까지 나는 속으로 '그냥 적당히 일하고 안정적으로 살면 되겠지', '뭐 내가 언제나 여러 사람하고 친하게 지냈나. 대학 때도 친구 없었는데 혼자 잘 지내면 되지' 하고 있었다. 스스로 외로움을 타지 않고 혼자서 잘 놀고 또 놀면서 잘 살 수 있을 거라 너무 편하게 생각했다. 진짜 외로움이 얼마나 힘든지 몰랐고 나 스스로의 적성과 욕망을 아직 깨닫지 못했기 때문이다.

라. 본격적으로 업무 시작 후 느껴진 사람 자체의 맞지 않음 (사람과의 맞지 않음 3편)

이제 본격적으로 연수원 이후 입직하여 업무를 시작한 이후의 이야기를 하려 한다. 흔히들 직장에서 중요한 것을 이야기할 때 '일'과 '사람' 두 가지를 이야기한다. 이 중 '사람'에 대한 이야기를 먼저 하고자 한다. '일이 안 좋아도 사람이 좋아서 버틴다'는 말이 있을 정도로 직장에서의 인간관계는 정말 중요하다. 그리고 나는 연수원 때부터 스스로 느낀 바가 있기에 이런 점에 대해 걱정이 많았다. 하지만 어려서부터 아싸 생활이 너무 편했기에 별 문제 없을 거라며 마음을 다잡았다. 실제로 고등학생 때도 같은 반이 마음에 들었던 적은 없었고 대학생 때도 같은 과 친구를 포함, 대학교 친구는 없었지만 잘 살았다. 하지만 그것은 고등학교 때는 다른 반 친구들과 재밌게 놀고 대학교 때도 고등학교 친구들이랑 재밌게 놀고 가족들과 재밌게 놀면서 내 외로움과 심심함을 해소했다는 것을 모르고 한 생각이었다. 홀로 생활하는 지방에서 과거와 다르게 나는 기댈 곳이 없었다. 이러한 상황에서 고립된 직장 인간관계는 나에게 너무나 큰 고통으로 다가왔다. 연수원 입교 전 기간과 연수원 기간 모두 업무는 없이 그냥 사람들과 어울리고 동기들과 친해지는 장소에 불과했다. 하지만 이제 조직이라는 거대한 단체 속에서 실제 업무를 하며 사회생활을 해야 했다. 연수원 때 남아 있던 동년배·동기라는 공감대조차 없이 오로지 '공직'이라는 조직의 공감대밖에 없는 사람들과 함께 지내야 했던 것이다. 그렇기에 앞서 이야기했던 연수원까지의 문제는 앞으로 이야기할 인간관계 문제에 비해서는 새 발의 피에 불과하였다.

정리해 보자면 가족도 친구도 아무 연고도 없는 지방에 홀로 살면서 동기도 없이 혼자가 된 것이다. 완전한 고독 속에 갇힌 것이다. 주말에 서울에서 여자친구, 친구와 대화하는 것을 제외하면 일주일 동안, 아니 공직 생활 내내 나는 실제 사람과 대화다운 대화를 한 적이 없다. 업무상 필요한 소통만 하였다. 근본적으로 나는 나와 맞지 않는 사람과 친해지려고 애쓰지 않는다. 억지로 소통하려 하지도 않는다. 이 부분부터가 일반적

　　　　　　　　　　　　　　　5급 사무관을 때려치우다

인 공무원들과 매우 달랐다. 공무원은 좋은 게 좋은 것이고 모두와 두루 잘 지내려 하는 성향이 강하다고 생각한다. 그렇기에 역으로 그들 입장에서는 내가 싸가지 없고 독고다이로 느껴졌을 거고 유난 떤다고 생각되었을 것이다. 하지만 나는 그냥 안 맞는다고 생각하였고, 그들과 하는 대화가 재미없었을 뿐이다. 어떠한 인간적 공감대도 없었고 진솔한 대화로 발전하지 못하고 겉핥기식 대화만 진행되었는데 나는 이런 대화를 시간 낭비라고 생각하였다.

관심사도 너무 달랐다. 그들은 당연히 승진, 부서 이동과 같은 내부 인사와 타인의 평가, 회사 내부의 일이 돌아가는 형태와 자신의 이미지 관리 등에 관심이 많았다. 나는 안타깝게도 남의 일에 관심이 없다. 누가 어느 자리로 가든, 승진이 되든, 평가가 어떻든, 윗분들이 어떻게 바뀌든 관심이 없다. 뒤에서 이야기하겠지만 심지어 공직 일에 대해서도 크게 관심이 없었기에 더더욱 그냥 주어진 일만 하면 된다는 생각 속에 타인에 대한 관심이 없었다. 나는 내가 좋아하는 취미 생활, 음악, 운동, 철학, 게임 그리고 서로 재밌게 티키타카하면서 대화하는 것을 좋아하지만, 내가 경험한 공직에서는 그 어떠한 사람도 나와 이러한 대화로 발전한 적은 없었다. 그러다 보니 나는 더욱더 그들과 친해지려 애쓸 이유를 잃었고, 자연스레 고립되었다. 연수원까지는 기존에 친했던 사람, 그리고 동기이기에 할 수 있는 대화가 있었기에 힘들었어도 친한 사람들과 푸념도 하고 웃고 즐기면서 스트레스를 해소할 수 있었으나, 직장에서는 계속 스트레스가 고이고 쌓이기만 하였다.

직장에서 가장 중요한 일과 사람 중 사람은 너무나도 안 맞았다. '단순히 누가 괴롭혔다', '누구와 트러블이 있었다', '누가 괴롭힌다' 이러한 느낌과는 달랐다. 아예 대화가 통하지 않았고, 친해질 생각조차 나지 않을 정도로 그냥 다르다는 느낌이 들었다. 혹자는 '그래도 친해지려 찾았으면 한 명이라도 있지 않았겠냐, 네가 너무 예민하고 사회성이 부족한 것 아니냐' 할 수 있다. 난 친한 친구가 없지도 않고 연수원 들어가기 전에도 수많은 동기들과 친해졌다. 사회성이 없지 않다. 그들과 어울리고 대화하면 오히려 더 큰 스트레스를 받을 것을 알기에 궁여지책으로 피했던 것이다. 호랑이가 쫓아오기에 절벽 아래 강으로 몸을 던진 것이다. 그 정도로 나는 공무원들과 안 맞았다. 물론 여기서도 명확히 하고자 한다. 김지훈이라는 가상의 공무원이 있다고 했을 때, 김지훈이라는 개인과 내가 그렇게 안 맞지는 않을 것이다. 하지만 단체 속에서 김지훈은 완벽한 '공무원'이 되어 버리고 나는 그것을 못 하고 그냥 황온후로 남아 있었다. 황온후와 '공무원'이 안 맞았던 것이지 각 개인들하고는 어떠할지는 모르는 것이다. 다만, 우리가 만난 곳은 직장이었고 그들은 이미 '공무원'이었고, 나는 애석하게도 '황온후'였을 뿐이다.

결국 이러한 과정을 거쳐 나는 결론을 내렸다. 나는 이곳에서 인간적인 관계로 어떠한 안정도 만족도 얻을 수 없다. '공무원'과는 인간 대 인간으로는 맞지 않는다. 더 이상의 증명도 가정도 의미 없었다. 확실한 사실로 결론이 지어졌다. 이제 내게 남은 것은 공직에서의 일이 내게 맞느냐뿐이었다.

마. 본격적으로 업무 시작 후 느껴진 업무와 내 능력의 부적합함

이제 직장의 본질인 '일'에 대해서 이야기해 보고자 한다. 일반적으로 일이 잘 맞는다 할 때는 두 가지 요소가 있다. '일을 하는데 재미가 있냐',

그리고 '일을 잘할 능력이 있냐'. 사실 이 두 개를 완벽히 분리할 수 있다고 생각지는 않는다. 재미가 있어서 잘하게 될 수도 있고, 잘하니까 재미가 있을 수도 있지만 편의상 일단은 두 가지로 구분해서 공직에서의 일을 이야기하고자 한다.

먼저 내게 공직 일은 재미가 없었다. 일의 재미는 결국 그 일에서 얻을 수 있는 결과를 통한 성취감과 크게 관련되어 있다고 생각한다. 근데 나는 공무원에 대한 동기부여가 없었다. 즉 공무원 일을 통해 얻을 수 있는 것들에 대한 흥미가 없는 상황이니 당연히 일을 통해 얻을 수 있는 성취감이 없을 수밖에 없다. 공무원 일은 공익을 위하는 일, 나라를 움직이는 일이라는 성취감 그리고 일을 통해 인정받고 더 높은 명예와 권력을 얻는 성취감이 강한 일이라 생각한다. 하지만 나는 이러한 것들에 전혀 성취감을 느끼지 못했다. 내가 어떤 것들에 성취감을 느끼는지는 뒤에서 이야기하겠다. 지금은 '공무원의 일로 얻을 수 있는 보상을 내가 원하지 않았다'로 정리가 가능할 것 같다.

그리고 다음으로 솔직히 나는 내 능력이 공무원에 적합하지 않다고 보았다. 내 능력의 강점은 과감한 추진력과 창의적인 아이디어 그리고 꾸준함이라 생각한다. 하지만 공직 일은 과감하게 추진해서 안 되고 꼼꼼하게 검토해야 하고 창의적으로 진행하기보다 현실에 적용 가능하도록 안전하게 진행되어야 한다. 애초에 내가 가진 능력 자체가 공직에서는 그다지 필요가 없는 능력인 것이다. 나도 실제 업무를 하면서 이를 뼈저리게 느꼈다. 이상적으로는 새로운 아이디어를 과감히 추진하여 기존의 불합리함을 없애고 공익을 실현시키는 것이 좋아 보일 수 있다.

하지만 현실은 그렇지 않다. 다양한 이해관계자와 수많은 사람이 연관

된 문제이기에 지금의 현상을 급격하게 바꾸는 것이 무조건 해결책이 될수 없다. 오히려 나라라는 거대한 조직 행정부라는 거대한 조직은 국민의 안전망이 되어야 하기 때문에 그래서는 안 된다. 느리더라도 꼼꼼히 검토해야 하고 보수적으로 보일지라도 구태의연해 보일지라도 조심해야 한다. 그렇지 않으면 그 뒤를 책임져 줄 조직이 없기 때문이다. 결국 공직이란 나라를 책임지고 운영하는 자리기에 가벼워서는 안 된다. 이 부분에서 혼란을 느낄 사람도 많을 것이다. '혁신을 하고 과감하게 추진을 하지 못하는 공직의 현실을 비판하면서 맞지 않는다고 할 줄 알았는데…' 하는 생각이 드는 분도 있을 것이다. 다시 한 번 명확하게 내 의견을 말하자면 지금의 공직의 모습은 큰 방향에서는 정답이고 틀리지 않다고 생각한다. 공직은 그 어떤 단체보다 무게감이 있어야 하고 경거망동해서는 안 된다. 철저한 검토 끝에 점진적으로 일이 추진되어야 한다. 처음에는 이런 일의 형태에 답답하던 나도 일을 하면서 오히려 이러한 부분을 인정하게 되었다. 하지만 그와는 별개로 내게는 이러한 일을 잘해 낼 능력도 없고 이러한 일을 재밌게 할 성격도 아니었다.

바. 지역도, 월급도 맞지 않았다

일과 사람에 대한 이야기를 해 보았으니 현실적인 조건에 대한 이야기를 해 보고자 한다. 월급과 거주지역이다. 둘 다 이야기가 길지는 않다. 먼저 지방근무에 대한 이야기를 해 보겠다. 지방에 산다는 것은 너무나 힘들었다. 이직의 요소로서 작용하기에 충분할 정도로 힘들었다. 특정 지방을 비하하고자 함이 아니다. 내가 그곳 연고가 아니기 때문이다. 내

추억과 친구, 가족은 전부 수도권에 있는데 갑자기 머나먼 지방에 가서 혼자서 지내야 했다. 좋을 수가 있겠는가? 인프라는 문제가 아니다. 사는 데 불편할 것은 없다. 하지만 너무나 외로웠다. 이제 지역 문제란 인프라 문제에 그치지 않는다고 생각한다. 수도권 출신이 많기에 직장이 수도권에 밀집되어 있기에 친구도 가족도 삶 전부가 수도권에 있는 사람이 많다. 그러한 사람들이 갑자기 지방으로 가서 살게 되면 힘들 수밖에 없다. 그건 그 사람이 서울에서 호화스러운 생활을 누리다가 지방에서 인프라가 부족해서 힘든 것이 아니다. 사람이니까 당연히 자신의 삶의 터전에서 멀어져서 외로워서 힘든 것이다. 나 또한 그랬을 뿐이다.

다음으로는 월급이다. 사실 월급이 대외적으로는 가장 많이 이야기되는 이직 조건 중 하나라고 생각한다. 그런데 나는 월급이 그 정도로 중요한 이직 조건은 아니었다. 그냥 사람도 안 맞고 일도 안 맞고 근무지역도 맘에 안 드는데 월급조차 많지 않아서 불만인 정도였다. 만약 사람도 맞고 일도 맞았으면 월급 불만은 없었을 것이다. 나한테는 그리 적다고 느껴지지 않았기 때문이다. 원래 직업 선택에 있어서 돈이 중요 요소는 아니었던 사람이라 더더욱 그랬다. 물론 그래도 객관적으로 비교적으로 업무 강도나 직업의 급에 비해서 적은 월급은 맞다고 생각한다. 하지만 어쩌겠는가. 예산은 한정되어 있고 더 줄 수는 없는데 말이다.

사. 안정적으로 불행한 인생이 되다(안정성조차 문제가 되다)

직장에서는 '일'과 '사람'이 중요하다는데 내게는 '사람'도 '일'도 없었다. 결국 내가 이 직장을 다녀야 하는 이유는 안정적으로 지급되는 '돈'뿐이었다. 근데 생각해 보아라. 말했듯이 공무원 월급은 그렇게 높지 않다. 그리고 내가 돈으로만 만족하는 성향이었으면 애초에 공무원이 아닌 더 돈을 잘 버는 직업을 택했을 것이다. 일단 나는 인생에 있어서 돈이 1순위는 아니다. 물론 기본적인 경제력은 중요하지만 돈을 위해서 모든 것을 참고 견디는 성향이 아니다. 즉, 공무원의 월급은 내게 어떠한 위안도 성취감도 버텨야 할 이유도 되지 못했다. 오히려 '내 인생 전부를 앞으로 이 정도 돈을 벌기 위해서 팔아야 하는구나' 하는 생각만 들 뿐이었다. 결국에는 많은 사람들이 공무원의 최고 장점으로 뽑는 안정감조차 내게는 단점으로 작용했다.

잘리지 않고 망하지 않고 다니기만 하면 안정적으로 월급이 나온다는 듣기만 하면 정말 최고의 직장으로 생각되는 이 장점이 내게는 오히려 치명적인 단점이 되었다. 그냥 이대로 안 맞는 대로 쭉 평생 동안 오직 안정감만을 위해 내 모든 것을 희생해야 되는 것이었다. 안정적으로 고통을 받는 미래만이 그려졌다. 결국 이 안정적인 직장 조건조차 내게는 정신적 위안이 되지 못했다. 일도 안 맞아, 사람도 안 맞아, 월급도, 안정성도 아무 도움이 되지 못하는 내가 힘들어지는 것은 너무 당연한 수순이었다.

사람들은 종종 안정적인 직장을 선택하는 이유로 삶의 예측 가능성을 꼽는다. 그 안에서 우리는 변하지 않는 수입, 꾸준한 업무 흐름, 그리고 미래에 대한 확실성을 기대할 수 있다. 나 역시 공무원이 되기 전까지 안정성에 대한 막연한 동경을 품고 있었다. 그 안정감이 결국 나를 지켜 줄 것이라고 생각했다. 그러나 공직에 들어가고, 그곳에서 수년간 지내며 알게 된 것은, 내가 생각했던 안정이라는 것이 전부가 아니라는 사실이었다. 오히려 안정적이라는 것이 내게는 더 큰 불안정으로 불안감으로 다가오는 걸 경험했다. 예측 가능한 삶, 그러나 그 예측 가능함이 전부 고통뿐인 상황. 안정적으로 불행한 인생을 살게 되는 내 모습을 스스로 견딜 수 없었다.

안정이란 '변하지 않음'에서 오는 것이다. 변하지 않는다는 것은 어쩌면 매력적인 것일지도 모른다. 나 역시 처음에는 변하지 않는 일상, 변하지 않는 수입, 변하지 않는 직책 속에서 위안을 얻으려 했다. 그러나 시간이 지나면서 깨달았다. 진정한 안정이란 단지 외부 조건이 바뀌지 않는 상태가 아니라, 변화하는 세상 속에서도 나 스스로를 지키고 성장시킬 수 있는 능력을 갖추는 것임을. 변화를 수용하고 새로운 것에 적응할 수 있는 힘이 없이는 진정한 안정에 도달할 수 없다는 사실이 마음속에 자리 잡기 시작했다. 왜 안정적 조건이 나를 불안하게 하고 불행하게 하는지 점차 이해가 가기 시작했다.

공직 생활은 내게 너무나도 안정적인 환경을 제공했다. 그러나 그 안정성은 한편으로는 나를 정체되게 만들었고, 내가 가진 가능성을 제한하는 듯한 답답함으로 다가왔다. 주변은 변하고 있었고, 세상은 빠르게 변화하는데, 나는 그 안정 속에서 점점 고립되는 기분이 들었다. 결국, 나는 스스로에게 물어보았다. "과연 이 안정이라는 것이 내게 맞는 길인가?" 그리고 그 질문 끝에 내린 결론은 내가 이 안정된 환경에서 썩어 가는 물이 되기보다는, 변화 속에서 성장해 가는 사람이 되고 싶다는 것이었다.

세상은 끊임없이 변화하고, 그 변화의 속도는 우리가 따라잡기 힘들 정도로 빨라지고 있다. 기술과 지식은 하루가 다르게 발전하고, 그 안에서 생존하려면 끊임없이 나를 변화시켜야 했다. 그러나 공직의 안정된 환경 속에서 나는 그 변화의 흐름을 멀리서 바라볼 수밖에 없었다. 안전하긴

했지만, 마치 정지된 시간 속에 있는 것 같았다. 그리고 그런 상태에서 내가 진정으로 발전할 수 있을지에 대한 의문이 커져만 갔다. 나는 더 이상 안정이라는 명분 아래 나 자신을 변화시키지 않으며 지낼 수 없었다.

이렇게 안정과 불안정을 고민하던 중, 나는 한 문구가 떠올랐다. "변하지 않기 위해서는 변해야 한다." 그 문장은 내가 나아갈 방향을 제시해 주었다. 나는 나 자신을 지키고, 내가 진정 원하는 삶을 살기 위해 더 큰 변화 속으로 들어가야 한다고 결심했다. 그것이 내가 공직을 떠나기로 한 이유 중 하나였다. 안정된 환경 안에서 나를 정체시키기보다는, 불안정한 도전 속에서 나를 성장시키는 것이 훨씬 나답다는 것을 깨달았고, 그게 나에게 있어 진정한 안정감을 줄 수 있다고 생각했다. 나에게 있어 불안정이란, 세상과 비교해 변화할 수 없어 뒤처지는 그 상태였고, 반대로 나에게 있어 안정이란 끊임없이 변화를 받아들이고 성장할 수 있는 상태란 것을 깨달았기 때문이다.

공직에서의 경험을 통해 나는 안정에 대해 다시금 생각하게 되었다. 이제는 매달 들어오는 급여나, 잘리지 않을 자리에서 오는 안정감만이 나를 지켜 주는 것은 아니었다. 나의 직업적 선택, 나의 삶의 방향성, 계속되는 성장과 변화는 오히려 더 큰 불안정 속에서 나에게 새로운 안정감을 찾게 해 주었다. 나는 내가 얼마나 유연하게 대응할 수 있는지, 얼마나 기민하게 변화에 맞설 수 있는지가 곧 나의 안정성이라고 믿게 되었다. 결국, 내가 선택한 불안정은 단순히 불확실한 미래가 아니라, 진정한 나를 찾기 위한 모험과 성장의 기회였다.

또한 공직을 떠나며 불안정한 환경 속에 뛰어든 내게는 책임감과 자율이 주어졌다. 모든 것을 나 자신이 책임져야 하는 무거운 부담이 있었지만, 동시에 그 속에서 나만의 안정감을 만들어가는 방법을 찾게 되었다. 나에게 안정이란 이제 정해진 조건이나 자리가 아니다. 나의 가치관과 성장, 그리고 나를 끊임없이 변화시키는 도전이 안정의 또 다른 형태임을 깨닫게 되었다. 세상이 변해도 내가 나를 지킬 수 있는 힘, 그것이 내가 찾은 새로운 안정이었다.

그래서 나는 이제 안정과 불안정이 하나의 흐름 속에 공존한다고 생각한다. 안정 속에서 안주하면 그것이 오히려 불안정해지고, 불안정한 도전 속에서 내 중심을 잡으면 그것이 곧 새로운 안정이 된다. 공직에서의 안정은 나에게 한계를 부여했지만, 이제 나는 변화 속에서 나를 더욱 확장해 나갈 수 있는 새로운 안정감을 만들어 간다고 생각한다. 하지만 당시에는 이러한 생각의 확장이 이루어지기 전이었고, 나는 정해진 불행이라는 안정감 속에서 고통받고 있을 뿐이었다.

얼마만큼
힘들었는지

이 부분의 이야기를 쓸지 말지에 대해서는 사실 고민이 많이 되었다. 개인의 치부일 수도 있고, 또 별거 아닌 것으로 유난 떤다고 오해받을 수도 있으니 말이다. 그래도 정말 진솔하게 공무원과 내가 어떻게 안 맞아서 어떤 과정을 겪고 이직을 했는지 보여 주고 싶기에 이 내용을 포함시키게 되었다. 사실 지금에서야 했던 얘기처럼 내가 어째서 사람과 안 맞고 이래서 일과 안 맞고 이런 것들을 분석적으로 정리해서 객관적으로 풀어낼 수 있지만 다니는 당시에는 그러지 못했다. 아직 정리가 되기 전이고 고민 중이며 이로 인해 아파하던 중이었다. 이번 장은 그 당시의 시점에서 아직 정리되지 않은 정말 날것의 감정을 그대로 전해 보고자 한다. 앞 장과 다르게 다소 거칠고 공격적일 수 있다. 하지만 앞 장에서 얘기했듯이 이는 상대의 잘못도 공무원이나 공직의 잘못도 나의 잘못도 아닌 그냥 서로가 안 맞았을 뿐임을 다시 한 번 얘기해 두고자 한다.

가. 입직 전의 감정

이 당시는 우울감이나 증오의 단계는 아니었다. '왜 내가 이렇게 맞춰 주어야 하지', '내가 어디까지 맞춰 주어야 하지' 하면서 현타가 오고 짜증이 나는 수준 정도였다. 가장 대표적인 사례를 하나 이야기하자면 '총정모' 준비 때였던 것 같다. 매년 5급 공채 합격자 전원이 연수원 입교 전 친목 도모를 위해 다 같이 모이는 '총정모'라는 행사가 있다. 다만 이는 나라에서 지원하는 공식 행사가 아니고 합격자들끼리의 전통이기 때문에 합격자들이 알아서 준비해야 한다. 따라서 이 행사를 준비하는 '총정모 추진단'이라는 소모임 같은 단체가 구성된다. 나도 사람들과 친해지기 위해 이 단체에 들어가서 열심히 활동을 하였고, 핵심 멤버가 되었다. 내가 기존에 살아왔던 '아싸'의 인생이 아닌 '인싸'의 인생을 살아 보고자 한 행동이고 실험이었기에 꽤 많은 스트레스를 받았다. 모임을 주도하는 것도 잘하기는 했다. 그러나 현타가 많이 오고 감정소모가 많고 스트레스를 많이 받았다.

아무튼 그렇게 지속적인 모임 활동을 지나 본 행사 날이 다가왔다. 핵심멤버답게 아예 메인 MC 역할을 맡게 되었다. 태어나서 이런 것은 해 본 적도 없는데 뻔뻔하고 눈치를 보지 않는 성격이기에 과도하게 긴장되거나 피하고 싶다는 생각은 들지 않았다. 하지만 그냥 현타가 오고 힘들었다. 나랑 안 맞는 옷을 계속 입고 있어야 했기 때문에 말이다. 결국 행사가 끝나고 나는 구안와사가 왔다. 실제로 스트레스로 입이 돌아가서 한동안 치료를 받아야 했다. 그 정도로 입직 전부터 이곳에서의 단체 활동은 의미도 있고 재밌기는 했지만 스트레스를 주는 존재였다. 그래도 이때까지는 내게 개인적 시간 여유가 많았고 원래 친한 친구들을 만날 시간도 많았기에 스트레스가 생겨도 금세 사라지고 순환이 되었다. 그렇게 생성된 에너지를 새로운 인간관계에 쏟아부었던 시절이라 이 시절에는 힘들어도 버틸 수 있었고 투정을 부리는 정도였다.

나. 연수원에서의 감정

연수원에 입소하고 나서부터 투정을 넘어선 우울감이 시작되었다. 평일 중 연수원에서 계속 생활해야 하고 조활동을 계속해야 했다. 갇힌 공간에서 안 맞는 사람들과 함께 생활한다는 것 자체가 너무 힘들었고 개인 시간이 부족하여 스트레스를 풀 수도 없었다. 그렇게 계속해서 스트레스가 쌓였다. 저녁에 원래 친했던 사람들과 풀거나 주말에 풀기는 하였지만 절대적으로 시간이 부족했다. 안 맞는 사람들과 지내는 시간이 증가하여 투정을 넘어선 우울감이 생기기 시작하였고 걱정이 앞서기 시작하였다. 그래도 아직은 깊은 심연에는 빠지지 않은 시기였다.

연수원에 입소하기 전에는 기대도 있었다. 유예 기간 동안 많은 사람을 만났고 그 동안의 삶과 다르게 적극적으로 인간관계를 넓혀갔다. 그래서 연수원도 같은 길을 걷는 사람들 사이에서 편하게 어울리고 인간관계를 넓힐 기회라고 생각했지만, 그 기대는 금방 깨져 버렸다. 유예 기간에 어울렸던 사람들과도 점점 거리감을 느꼈다. 겉으로는 함께하는 것처럼 보여도, 나는 깊은 외로움 속에 빠져들었다. 많은 사람들 속에서 고립된 듯한 기분을 느꼈다. 연수원이라는 집단생활과 나는 맞지 않았고, 공무원이라는 집단과 맞지 않았다. 나는 점점 그들에게서 멀어져 갔다.

연수원에서의 생활은 끔찍했다. 차라리 군대가 나았다. 나라를 지키러 왔다는 사명감이 있고, 각자에게 주어진 역할이 있고, 위계질서가 있고, 가장 중요한 전역이라는 끝이 있었기 때문이다. 근데 이곳 연수원은 끝이 없었다. 끝나면 직장으로 가는 거니 더 심해질 뿐이었다. 군생활을 경험해 봤기에 훈련소와 자대의 차이를 알아서 더 그렇게 절망적으로 느꼈던 것 같다. 나아질 거라는 희망이 없는 고통이 가득한 장소였다.

나는 사람과 어울리는 데에도 막대한 에너지를 쏟아야 하는 사람이었다. 혼자 있기를 좋아하고, 깊은 교감을 나누는 소수의 사람들과만 어울리기를 좋아하는 성격이었다. 하지만 연수원에서는 소비한 에너지를 다시 채울 여유조차 없었다. 단체 행동은 필수였고, 그룹 활동과 조별 과제가 일상이었다. 나는 거기에 잘 녹아들지 못했다. 모든 조별 활동에서 나는 적극적으로 참여하지 않았다. 여태까지 살아온 방식대로 그냥 모든 걸 포기하고 단체에서 이탈하는 방향을 선택했다. 그 결과 당연하게도 나에 대한 불만의 목소리가 들려왔고, 나는 이걸 명분 삼아 더욱더 조별 활동에서 멀어졌다. 호불호가 강하고 남 눈치를 보지 않는 성격이기에 가능했던 일인 것 같다. 물론 이게 상식적으로 좋은 행동은 아니다. 순전히 나 스스로의 멘탈을 지키기 위한 선택일 뿐이었다.

그러나 나와 맞지 않는 조별 활동에서 빠져나온다 해도 외로움은 채워지지 않았다. 나는 대부분의 시간을 친구들과의 카톡 대화에 쏟아부었다. 휴대전화만이 내가 편안히 소통할 수 있는 공간이었다. 오랫동안 쌓아 왔던 대화 기술, 소통 능력 등 인간관계에 대한 내 능력이 모두 무너져 내리는 기분이었다. 연수원의 단체 생활이 마치 나를 분해하고 재조립하려는 듯한 느낌을 받았다. 하지만 나는 그 재조립에 격렬히 저항했다. 이러한 모습 때문에 나 자신이 마치 사회 부적응자처럼 느껴졌다. 이제 어린이가 아닌데 직장에서의 사회화 요구에 따라가지 못하는 사람이라는 사실이 상처로 다가왔다. 어릴 때는 부적응자여도 상관없었다. 성장의 기회가 있으니까 커 가면서 잘하면 된다. 근데 이제 어른이 되어야만 하는 시기에 이런 감정을 느끼니 스스로가 한심하다는 생각이 들었다. 그 때부터 나는 자책하기 시작했다.

항상 나쁜 일은 한 번에 온다더니 상황은 계속해서 나빠졌다. 연수원이라는 좁은 공간에서 내 행동은 주목받기에 딱 좋았다. 과학고에서도 항상 주목을 받는 성격이었는데, 이런 정적이고 잔잔한 단체에서 주목을 안받을 수가 없었다. 그것도 나쁜 쪽으로 말이다. 조별 활동을 기피하거나스스로 고립을 택하는 모습이 동기들 사이에서는 다양한 해석으로 변질되기 시작했다. 나에 대한 헛소문도 퍼졌다. '누군가가 나에 대해 무슨 말을 할까?' 하는 생각에 사로잡히며, 더욱더 움츠러들 수밖에 없었다. 소문이 진실이든 아니든 상관없이 나는 사람들과의 관계에서 점점 멀어지며,스스로를 더 깊은 외로움 속으로 몰아넣었다.

소문과 시선들이 나를 더 불편하게 만들면서도, 한편으로는 내가 다르게 행동해야 한다는 강박에 사로잡히기도 했다. 그렇지만 그런 행동들은 나에게 더 큰 상처를 남겼다. 억지로 어울리려 해도 그것은 일시적일 뿐이었고, 집에 돌아와 침대에 눕기만 하면 쓸쓸함이 밀려왔다. 애초에 나와 맞지 않는 사람들과 억지로 친해져 봤자, 그 관계가 깊이 있는 관계로 발전하기 어려울 거라는 사실은 어려서부터 알고 있었는데 그것을 매일매일 다시금 깨닫는 생활을 하고 있었다.

연수원의 프로그램 중 해외 연수라는 프로그램이 있었다. 조별로 정해진 나라에 1주일 정도 정책연구를 떠나는 프로그램이다. 평소 같았다면흥미로운 경험이라 생각했겠지만, 그 당시의 나에게는 또 하나의 부담이었다. 내가 아닌 다른 사람들과 함께 타지에서 오랜 시간을 보낸다는 생각에 걱정이 앞섰다. 무엇보다 나와 맞지 않는 사람들과의 1주간의 생활은 피하고 싶은 악몽 같았다. 앞서 얘기했지만 떠나는 날은 마치 '국외추방'이라도 당하는 듯한 느낌이었다. 나는 아무런 준비물도 챙기지 않았다. 가기 싫었으니 당연하다. 왜 내가 로밍을 하고 짐을 싸고 해야 하나 그냥 영혼 나간 듯이 멍 때리고 있다가 빨리 귀국하고 싶었을 뿐이었다. 내가 그곳에서 얻을 것은 스트레스와 질병뿐이라는 생각이 들었다.

예상대로 해외 연수의 시간은 내게는 고통스러운 시간이었고, 내 신체와 정신에 상당한 스트레스를 주었다. 어느 순간부터는 무기력하게 하루를 보낼 수밖에 없었다. 정서적으로도 멀리 떨어져 있는 그들과 함께한다는 것 자체가 내게는 큰 부담이었다. 그렇게 억지로 버텨야 했던 1주는 내게 참을 수 없는 고독과 함께 신체적인 병마까지 남겼다. 연수원 내내 내 마음은 연수원과 동기들 사이가 아닌 멀리 다른 곳에 있었고, 이로 인해 지친 나의 몸과 마음은 어느새 버틸 수 있는 한계를 넘어서 있었다.

물론 이렇게 고통만 가득했다면 이미 연수원에서 나는 한계를 넘어서 무너졌을 것이다. 이때부터 진지하게 이직을 고민했을 수도 있다. 하지만 그 정도까지는 아니었다. 앞서 얘기한 유예 시절에 친해진 사람들이 내게 큰 힘이 되었고, 이들 때문에 내가 아직 그렇게까지 잘못된 인생을 산 것은 아니라는 생각이 들었기 때문이다. 연수원 마지막 날이었을 것이다. 원래 친했던 동기들에게 연수원에서 그래도 버티게 해 줘서 고맙다는 마음을 담아 한 명, 한 명 감사의 메시지를 전했다. 그냥 일방적으로 내게 잘해 줬다 생각해서 전한 고마움인데 그에 대한 답장들이 너무 감동적이었다. 이러한 동기들 때문에 그래도 연수원에서는 무너지지 않았던 것 같다. 다시 한번 고맙다고 전하고 싶다.

연수원 생활 내내, 나는 계속해서 질문했다. "왜 이렇게 힘든 걸까? 다른 사람들은 그저 즐기고 있는데, 나는 왜 이렇게 외로운 걸까?" 연수원이라는 공간 자체가 불행의 원인일까, 아니면 나 자신의 문제일까 하는 고민에 빠졌다. 객관적인 조건만 보면 연수원은 분명 좋은 환경이었다. 직장도 아닌데 동기들과 수업을 들으며 일정한 봉급도 받을 수 있었다. 어쩌면 이보다 더 나은 상황을 바라기는 어려웠을 것이다. 그러나 나는 행복하지 않았다.

이 고립된 생활이 끝나고 나면 이제 상사와 후임이 있는 진짜 직장으로 들어가야 했다. 연수원이 힘들다고 한들, 이 생활은 몇 개월 후면 끝이지만 실제 직장은 평생이 될 수 있다는 사실이 나를 더욱 암울하게 만들었다. 나는 내 동기들조차 나와 맞지 않는데, 앞으로 내가 겪게 될 직장 동료들과는 더 큰 어려움을 겪게 될 것이라는 생각이 들었다. 30년 동안 이런 고통을 감내해야 한다는 상상만으로도 견디기 힘들었다. 내 걱정은 그저 추측이나 공포심이 아니었다. 이는 그동안의 경험으로부터 나오는 현실적 우려였다.

연수원 입소 전, 유예 기간에도 연수원 생활에 대한 걱정을 했다. 그때에도 연수원 생활에 대한 두려움과 고민이 가득했다. 하지만 연수원의 현실은 내 걱정보다 훨씬 더 잔혹했다. 나와 맞지 않는 사람들과의 끊임없는 상호작용, 피할 수 없는 조별 활동, 나에 대한 시선과 소문, 그리고 적응하지 못하는 자신에 대한 자책감. 이 모든 것들이 내 삶을 더욱 무겁게 만들었다. 하루하루가 버겁고, 내일이 오지 않았으면 하고 바라는 마음으로 버티는 날들이 많았다.

연수원의 현실이 내 걱정보다 잔혹했듯이, 내가 걱정하는 직장의 현실

5급 사무관을 때려치우다

역시 내 걱정보다 더 큰 시련일지도 모른다는 생각이 들었다. 어쩌면 내가 아무리 걱정을 하고 준비한다고 해도, 막상 직장이라는 공간에서는 더 큰 고통이 기다리고 있을지도 모른다는 생각이 마음 한구석에 자리 잡았다.

그렇다면 나는 무엇을 선택해야 할까? 이 길이 내게 맞지 않는다면, 나에게 남은 선택지는 무엇인가? 이 모든 경험들은 내가 노력해서 선택한 이 길이 나에게 불행의 길이 될 수 있다는 근원적 두려움을 남겼다. 그래도 아직 몸으로 체감하지 못한 사실이니 애써 마음 뒤편으로 그 두려움을 밀어 두고 있었다. 내가 원하는 부처에 가서 적당하게 잘 살면 되겠지 하는 안일한 마음으로 애써 나를 위로하고 있었다.

다. 부처 선택의 갈림길에서 겪은 고통

연수원에서의 생활은 나를 둘러싼 수많은 갈등과 고민의 시간이었고, 그 과정에서 나는 공직이라는 길이 과연 나에게 맞는지 끊임없이 되물어야 했다. 연수원에서 활동을 거의 하지 않았기 때문에 나는 자연스레 성적이 하위권이었다. 그러나 아이러니하게도 시험 성적만큼은 압도적으로 높았기에, 그 두 가지를 합산하니 결과적으로 중간 정도의 순위를 기록하게 되었다. 이 성적이 나중에 부처를 선택하는 데 중요한 요소가 될 것이었고, 이는 내 인생의 향방을 크게 좌우하게 될 것이었다. 그래서 다시금 기합을 넣고 정신을 바짝 잡을 수밖에 없었다. 열심히 해야 하는 이유가 생기기도 했기 때문이다.

서울에 있는 부처에서 근무하는 것이 나의 목표였다. 적어도 공직의 틀 안에서 내가 서울에 있는 부처를 선택할 수만 있다면, 나름대로의 안정된 삶을 살 수 있겠다는 기대를 가지고 있었다. 그래서 그 꿈을 이루기 위해 다시 한번 치열하게 공부와 준비에 매달렸다. 관련 서적과 논문, 정책 보고서 등을 밤낮 없이 읽어 가며 면접 준비를 했다. 면접에서는 단순히 지식만이 아니라 정책적 이해와 사회 문제에 대한 깊이 있는 통찰을 요구하기 때문에, 나는 기존에 있던 자료들을 꼼꼼하게 분석하며 이론과 실무를 모두 익히려고 노력했다.

처음으로 진정한 의욕을 가지고 준비에 임했다. 연수원에서의 좌절과 외로움을 뒤로하고, '이왕 시작한 길이라면 목표를 이루어야 하지 않을까?'라는 생각이 들었던 것이다. 막연한 기대와 불안 속에서 나는 열정적으로 준비해 나갔다. 그러나 준비가 끝나고 나서 부처 배정 공지가 나왔을 때, 마치 운명이 장난을 친 것처럼 서울 부처의 티오는 아예 뜨지 않았다. 매년 꾸준히 자리가 나던 서울의 부처가 딱 그해에만 자리가 나지 않았던 것이다. 나는 그 소식을 들은 순간 그야말로 충격에 휩싸였다. 머리가 어지럽고 열이 오르고 그동안 눌러 왔던 두려움과 걱정이 밀려올라와 헛구역질이 날 정도였다. 도저히 수습되지 않을 만큼 감정이 벅차올랐다. 지금도 그 당시를 떠올리면 그 좌절감과 감정의 소용돌이가 생생하게 기억난다.

부처 선택의 과정에서 나는 또다시 예상치 못한 딜레마에 직면했다. 서울에 자리 잡고자 했던 꿈은 산산이 부서졌고, 이제는 남은 부처들 중에서 선택해야 했다. 선택지는 많지 않았다. 서울이 아닌 지역에서 근무해야 할 가능성이 높았고, 그렇다면 남은 부처 중 가장 조직이 작고 일이 적어 보이는 곳을 선택하는 것이 최선의 방책처럼 보였다. 내가 원래 공직을 선택한 이유는 어떤 거창한 사명감 때문이 아니라, 안정된 수입과 직장을 얻기 위함이었다. 그렇기에 이제 와서 특별히 동기 부여가 되지 않는 이상, 최대한 나에게 부담이 적은 조직을 선택하는 것이 이성적으로 맞는 판단이라고 생각했다.

작고 업무가 덜 바쁠 것으로 예상되는 부처로 향하는 선택은, 그야말로 일말의 기대도 없는 절망 속에서 이루어진 결정이었다. 어쩌면 처음부터 공직이 나와 맞지 않았기 때문에, 서울에서 근무하는 것과 지방에서 근무하는 것에 큰 차이가 없었는지도 모른다. 실제로 서울 부처에 간 형 중에서도 퇴사를 결정한 사람도 있었고 말이다. 그저 공직을 선택한 사명감이나 일적 동기가 없었기 때문에 일단 내 생활권이라도 지켜야겠다는 간절한 일념이 있었을 뿐이었다. 그런데 그게 무너지고 나니 내게는 정말 아무것도 없다는 절망이 밀려왔다.

그렇게 아무런 기대 없이 부서를 배정받아 입사하게 되었다. 부서 배정을 받는 날에도 나는 담담했다. 사실 공직 생활에 대한 기대와 흥미가 거의 사라진 상태였기 때문이다. 어차피 어디를 가든 내가 원하는 대로 일이 흘러가지 않을 것이라는 불안이 이미 마음속에 자리 잡고 있었다. 하지만 일을 시작하기 전, '혹시나' 하는 작은 희망은 버리지 않았다. 이 자리가 생각보다 나와 맞을 수도 있고, 작은 조직에서의 생활이 어쩌면 나에게 안정과 자유를 제공할 수도 있지 않을까 하는 막연한 기대가 마음 한구석에 남아 있었다. 어쨌든 정시출근이 되고 워라밸이 보장되고 철밥통인 것은 변함이 없으니까 말이다. 일찍 퇴근해서 내가 좋아하는 운동과 노래를 하면서 행복한 저녁 시간을 보내면서 살면 되지 않을까 상상을 했다.

그러나 현실은 달랐다. 아니, 처참했다. 첫 출근을 하고 며칠이 지나자,

내가 여기서 원하는 것을 찾기 어렵다는 사실을 깨달았다. 그 안에서 내가 바라고 꿈꿨던 삶은 찾기 어려웠다. 부서의 크기가 작아도, 업무의 강도가 덜해도, 그곳에 머무는 시간은 나에게 끊임없는 피로감을 안겼다. 저녁 시간이 보장되면 뭐하나 하루에 8시간 이상을 불구덩이에서 타는 듯한 고통을 느끼면서 살고 그게 앞으로 늙을 때까지 반복될 거라는 미래만 남아 있는데 말이다. 과장이 아니라 법정에서 30년형을 선고받은 것과 다름이 없다고 생각했다. 다시 한번 군대가 그리워지기 시작할 정도였다.

시간이 지나면서 나는 하나의 진실을 깨닫게 되었다. 서울 부처냐 지방 부처냐, 조직의 크기가 크냐 작으냐가 문제가 아니라는 사실이었다. 공직이라는 틀 자체가 내게 맞지 않았던 것이다. 내가 추구하는 가치는 이 조직 안에서 실현될 수 있는 것이 아니었다. 공직 생활 속에서 내가 원하는 성취감이나 기쁨은 존재하지 않았다. 처음에는 '서울에서 근무한다면 좀 다를까?'라는 생각을 했지만, 사실 나는 어느 부처에 있든지 간에 이곳에서 바라는 것을 얻을 수 없다는 현실을 받아들여야 했다.

나의 꿈과 적성은 이 조직 안에서 실현되기 어려웠고, 그 사실이 점차 분명해졌다. 공직에 들어오기 전의 열정과 기대는 시간이 지나며 희미해졌고, 나의 일상은 무기력과 회의감으로 가득 차게 되었다. 내가 선택했던 길이 어쩌면 잘못된 선택이었다는 생각이 머릿속에서 떠나지 않았다. 이러한 모든 생각은 놀랍게도 입사 한 달 만에 이루어졌다. 이제 고통의 서막이 올랐을 뿐이었다.

5급 사무관을 때려치우다

라. 부처에서의 감정과 심연

    부처에 들어간 이후 이때부터가 진정한 고통의 시작이었다. 일주일 내내 대화할 사람은 단 한 명도 없고 일은 재미가 없고 답답하고 월급이 압도적으로 많은 것도 아니었으며 아무 연고도 없는 지방에서 홀로 살았다. 그리고 안정적이기에 이 모든 것이 내가 늙어서 퇴직할 때까지 변하지 않을 것이었다. 변수 없이 내 미래가 불행으로 고정되었다는 생각을 하기 시작했다. 그때부터 한숨도 제대로 잔 적이 없고 몸 컨디션이 좋았던 적이 없다. 이직하려고 해도 특별한 기술도 없고, 다시 시험을 볼 동기부여도 없고, 하고 싶은 직업도 찾지 못하고 불안하기만 하였다. 이러한 힘든 상황을 주변에 이야기하여도 돌아오는 것은 한결같았다. '그냥 참고 다녀', '인생 다 그런 거야. 너만 힘들어?', '야, 사무관이 배부른 소리 하네. 얼마나 좋아. 안 잘리고 인정받고', '그냥 머리를 비우고 시키는 대로 하면 되잖아?', '네가 너무 생각이 많아서 그래. 그냥 퇴근하고 니 인생 사는 거로 만족해'.

    틀린 말은 아니다. 그래서 나 자신에 문제가 있다고 생각하고 정신과도 다니고 상담도 받고 책도 읽고 극복하려고 많은 노력을 했다. 하지만 그 어떤 것도 내 답답함을, 걱정을, 우울감을 해소해 주지 못했다. 결국에는 이러한 생각까지 하게 되었다. '내가 최선을 다해서 내 모든 걸 내던져서 합격한 시험인데 내게는 이러한 결과만 남았구나. 나는 최선을 다해도 행복할 수 없는 운명을 타고났구나. 이게 나의 팔자고 한계구나', '나는 앞으로 죽을 때까지 이렇게 불평, 불만만 하면서 적은 월급에 내 몸과 정신을 팔면서 살아야 하는구나'.

그 결과 매우 심각한 우울증을 겪게 되었다. 출퇴근하면서 그냥 가드레일에 차를 박아 버릴까 하는 생각도 많이 했고 펑펑 울면서 출퇴근을 할 때도 많았다. 울다가 한숨도 못 자고 밤을 샌 적이 한두 번이 아니다. 친하던 고등학교 친구들도 더 이상 얼굴 보기가 힘들었고 만나더라도 난 웃지 못했다. 집에 가서도 마찬가지였다. 나는 웃는 법을 잃어버렸다. 나는 그냥 무능력하고 세상에 적응하지 못하는 쓰레기였으며, 좋은 직업인데 배가 불러서 성격이 이상해서 불평, 불만만 하는 문제아였다. 모든 것이 내 탓이고 내 무능이라 생각했다. 죽으면 더 이상 이 고통을 겪지 않아도 되니 죽었으면 좋겠다고 생각했다. 정신과 약을 먹어도 나아지는 게 없었다. 약기운에 그냥 잠들고 몽롱하고 멍하게 하루를 보낼 뿐 내 머릿속에 심어진 나쁜 생각은 사라지지 않았다. 죽으면 부모님께 죄송하니까, 당시 여자친구에게 씻을 수 없는 상처를 주니까 참았다. 그뿐이었다. 스스로에게 아무 애정도 없었다.

지금은 담담하게 말하지만 조금의 과장도 없이 정말 죽음을 눈앞에 둔 상태였다. 더 무서운 것은 그것을 누구에게도 공감받지 못한다는 사실이었다. 객관적으로 나는 좋은 학교를 나와 좋은 직장을 다니고 있는 성공한 청년이었으니까 그냥 적응의 단계 투정 수준이라고만 받아들여졌다. 가족, 친구, 애인, 병원 의사 모두 나를 같은 시선으로 바라보았다. 그 점이 나를 더더욱 구석으로 몰아갔다. 그러다 보니 가까운 사람에게도 더 이상 내 이야기를 하지 않게 되었고 점점 더 심연으로 들어갔다.

사실 이러한 경험이 사실 이 책을 쓰게 된 가장 큰 이유다. 객관적 직업의 좋고 나쁨이 그 사람이 행복해야만 하는 당위성을 부여하는가? 객관적으로 좋은 직업이면 누구나 그것에 만족하여야 하고 적응하여야 하는

5급 사무관을 때려치우다

가? 적응하지 못하면 그 사람은 패배자인가? 사회부적응자인가? 아니다. 여러분이 직업과 관련하여 고민과 고통을 겪고 있다면 객관적으로 여러분의 직업적 상황이 좋든 나쁘든 주위에서 뭐라 하든 신경 쓰지 말길 바란다. 그냥 여러분의 적성과 직업이 안 맞는 것뿐이지 여러분에게 잘못이 있는 것은 아니다. 당시에 내게는 이러한 말을 해 줄 사람이 없어서 빠져나오는 데 너무 오랜 시간이 걸렸다. 이번 장은 고통을 전체적 흐름에서 크게 설명하였고, 4년이란 시간 동안 어떤 고통을 겪고 어떻게 발버둥쳐 왔는지 다음 장부터 더 자세히 설명하고자 한다.

마. 잊을 수 없는 휴직의 시간들

공직 생활을 시작한 지 8개월이 지나자, 나는 첫 병가를 냈다. 어쩔 수 없는 선택이었다. 도저히 일어날 힘조차 들지 않았고, 숨 쉬는 것조차 버거웠다. 병가를 내지 않으면 안 될 정도로 몸과 마음이 소진된 상태였고, 그저 스스로를 다독여 억지로 일어나야 한다는 의무감만이 남아 있었다. 첫 병가는 그렇게 시작되었다. 병가를 내고 곧바로 정신과를 찾았고, 처음으로 약을 처방받아 복용하기 시작했다. 수면제가 없이는 밤이 견딜 수 없을 만큼 어두웠다. 약은 견딜 수 없는 어둠 속에서 선택할 수 있는 마지막 도피처였다. 그러나 약은 나를 '호전'으로 이끌어 주지 않았다. 약은 그저 내 의식의 속도를 늦추고 감각을 흐릿하게 만들어, 마치 병든 닭처럼 멍하게 있을 수 있도록 할 뿐이었다.

사실 1년 차는 누구나 힘들다. 처음 다니는 직장, 처음 보는 사람들, 처음 하는 일들 모든 것이 처음이고 스스로를 시험에 들게 하고 자존감을 낮추기도 한다. 힘들지 않을 수가 없다. 그러나 그것보다 더 심한 상황에 빠진 것은 일과 사람 등 나를 둘러싼 상황이 조금 더 가혹하게 나를 밀어냈기 때문이었다.

처음으로 배정된 자리가 1인계였다. 보통 일을 하게 되면 적어도 주무관 1명과 사무관 1명이 일을 같이 하게 되는데, 나는 신입사원임에도 불구하고 팀이 아닌 혼자였다. 사수도 없고, 물어볼 주무관도 없고, 모든 걸 혼자서 해야 했다. 이러한 일적 부담은 그래도 버틸 만했다. 항상 혼자 공부해 왔고 살아온 경험이 있기 때문이다. 하지만 문제는 1인계로서 해야 하는 일 그 자체였다. 왜 2명이 아닌 1명으로 이루어진 팀이겠는가. 그 질문을 해 보면 답은 금세 나온다. 애초에 일 자체가 그리 정상적이지 않은 일이기 때문이다. 다른 1인계는 어떨지 몰라도 적어도 내가 담당했던 곳은 조직 차원에서 애매한 일들을 모아 놓은 자리였다. 그러다 보니 아직 조직의 생리를 모르는 대쪽 같은 논리주의자이자 이성주의자인 내가 감당하기에는 너무나도 흐리멍덩하고 답이 없는 일들뿐이었다. 이런 게 일이구나. 난 왜 공부했을까. 도대체 내가 이걸 잘하게 될 수 있을까. 아니, 적응할 수 있을까. 내 노력의 보답은 이거구나 하는 생각이 나를 잠식해 갔다. 그리고 내 성격상 이곳 회사에서도 사적인 교류는 하지 않았다. 어차피 친해질 수 없는 사이라면 어설프게 교류해서 내 정보를 넘기고 애매한 관계를 만드는 게 생활에 더 불편하기 때문이다. 의도적으로 철저하게 혼자 행동했고 폐쇄적으로 행동했다. 그러다 보니 당연히 외로움이 나를 덮쳐 왔고 가족도 친구도 없는 지방 생활은 그 외로움을 더욱 가속화했다.

이러한 자괴감과 외로움, 적응의 스트레스, 무력감이 복합적으로 나를 병들게 했고, 모든 몸의 기능을 서서히 멈추게 했다. 새벽 4시에 잠들면 일찍 잠들었다 생각했다. 걱정과 불안에 잠을 들 수가 없었다. 눈을 감으면 내일이 올 것이고 그럼 나는 출근을 해야 하니까 머리가 눈감는 것을 거부했다. 나를 출근으로부터 지켜 주기 위한 뇌의 충신 같은 행동이었다. 근데 몸은 뇌의 그 행동을 버티지 못하고 병들어 갔다. 그렇게 어느 날 도저히 견딜 수 없는 통증과 무기력감에 병가를 냈고 본가인 청주에 있는 정신과에 가 검사를 하고 약을 처방받기 시작했다. 자세한 병명은 묻지도 않았다. 그냥 심각한 우울증과 불안장애라고만 기억하고 있다.

약을 먹으면 일시적으로 정신이 멍해지고 잠에 들 수 있었다. 하지만 그건 어디까지나 일시적인 '대처'일 뿐, 고통의 근본적인 해결책은 아니었다. 약을 먹고 눈을 감아도 마음 한구석에서는 여전히 고통이 흐르고 있었고, 머릿속은 여전히 무거운 안개 속에 갇혀 있는 느낌이었다. 아무것도 할 수 없는 무기력증이 지속되었고, 그렇게 첫 병가 기간은 2개월가량 이어졌다. 그 시간이 짧다면 짧을 수도 있지만, 당시 나에게는 끝없는 밤과 같은 시간이었고, 내가 앞으로도 계속 살아갈 수 있을지에 대한 의문이 들었다. 이 당시에 이러한 무기력감과 우울증을 극복하기 위해서 파충류를 기르기 시작했다. 어릴 때부터 공룡을 좋아하고 파충류를 좋아해서 길러 보고 싶었는데, 휴식하고 시간도 많고 이러한 취미 생활이라도 하면서 삶에 정을 붙이고자 했다. 우리 도마뱀들이 없었다면 더더욱 나는 삶에 애정이 없어졌을 것이다. 규칙적으로 밥을 주고 청소를 해 주면서 몸을 움직이고 자라는 모습을 지켜보면서 그나마 일상의 행복을 알게 되었고 조금이나마 복직할 힘을 얻게 되었던 것 같다.

2개월의 병가가 끝나고 복직을 하게 되었을 때, 나는 새로운 부서에 배치되었다. 사실 별다른 기대는 없었다. 부서는 달라졌다 해도 여전히 1인 체계였다. 나름대로 일을 많이 주지 않고 배려한다고 한 조치였겠지만 나에게는 어차피 다를 바가 없었다. 부서가 바뀌고 복직한다고 해서 내가 직장에 적응하고 일이 좋아질 것이라는 생각조차 들지 않았기 때문이다. 그저 주어진 일상을 어떻게든 견뎌 내는 것이 목표였고, 죽지 않고 살아내는 것이 목표였고, 아무 일 없이 하루하루를 지나가기만을 바랐다. 그리고 미래에 희망을 가지기 위해서 나는 파이어족을 꿈꾸며 나름의 버팀목을 세우려 했고, 투자 공부와 실제 투자를 병행하면서 하루하루를 버티려 노력했다.

자그마한 희망이라도 필요했던 나는 부동산 공부와 주식 공부를 시작했고, 실제 친구와 함께 여러 부동산 투자를 진행하면서 재밌게 공부하기 시작했고, 주식에도 손을 대기 시작했다. 공부 자체는 너무 재미있었다. 특히 부동산 투자가 재미있었고 다양한 사례와 실전을 경험하면서 재미를 느껴 갔다. 주식도 처음에는 장이 좋았기 때문에 문제는 없었다. 하지만 장이 어지러워지면서 파이어족이 되고 싶은 내 급한 마음은 무리한 투자를 하게 했고, 금세 또 희망은 절망으로 바뀌게 되었다. 그래도 다행히 이성이 살아 있어서 지금 내 마음가짐으로는 투자를 하면 안 된다는 생각에 일단 잠시 멈추었고 그 덕에 손해는 그리 크지는 않았다. 물론 이때 막은 손해의 폭탄이 본격적 휴직 이후에 제대로 터져 버리고 만다.

하지만 이러한 투자 공부도 소용이 없었다. 내가 어떤 노력을 하든 회사에서의 내 부서가 변하든 상사가 변하든 우울증은 늘 내 곁에서 가장 가까운 곳에서 나를 놓아주지 않았다. 병가를 썼고 약도 계속해서 먹고 있지만 매일 밤을 눈물로 보내고, 잠을 이루지 못하는 시간이 계속되었다. 4시에 자던 게 약을 먹어서 2시에 잠들 뿐이었다. 약을 먹은 만큼 몸은 더 힘들고 머리는 멍해서 내 입장에서는 나아진 게 없었다. 당장 오늘 스스로 죽고 싶은 마음은 들지 않았지만, 그렇다고 내 인생을 계속 살아가고 싶은 마음도 없었다. 우연한 사고로 죽으면 참 좋겠다는 생각만 들었다. 그저 매일같이 아침이 오지 않기를 바랐다. 내가 잠든 동안 이 모든 것이 끝나 버렸으면 좋겠다는 막연한 바람만이 있었다. 너무 지쳐서 스스로를 끝낼 용기도, 또 그 용기를 위해 무언가를 하려는 노력도 없었다. 그렇게 허무와 체념 속에서도 나는 과거의 빛나던 순간을 잊을 수 없어서 그리고 이렇게 빌빌대고 불쌍한 스스로를 포기할 수 없어서 이를 악물고 버텼다. 그렇게 1년이라는 시간이 흘러갔다.

2021년 하반기, 어느 정도 잘 적응하고 1인계도 탈출하고 기존과 다르게 다양한 일을 하고 있던 나는 남들이 보기에는 급작스러운 두 번째 병가를 내게 되었다. 남들이 보기에는 갑자기 아팠다고 볼 수도 있지만 사실 계속해서 이야기했듯이 공직 4년 동안 우울증은 단 한 번도 내 곁을 떠난 적이 없었고 내 몸을 가만히 놔둔 적이 없었다. 허리와 목, 머리를 포함해 온몸이 아프지 않은 곳이 없었고, 그 고통은 한순간도 사라지지 않았다. 단순히 피로가 쌓여 육체적 고통 때문에 몸이 무너진 것이 아니라, 내 마음과 몸 전체가 동시에 무너진 듯한 느낌이었다. 약도 계속 먹고 병원도 계속 다니고 있는데 맞이한 결과라서 더욱더 처참했다. 조금도 나아지는 면이 없었고 하루하루가 지옥 같았다. 갑작스럽게 병가를 내긴 했지만 과연 나을 수 있을까 하는 불안과 스트레스가 가득했다.

그렇게 두 번째 병가를 내고 나는 청주 본가로 향했다. 일단 가장 급한 것이 과거에 군대에서 다친 허리였다. 엄청난 스트레스로 인해 디스크마저 다시 도지고 만 것이었다. 다시금 그 끔찍했던 재활 시기로 돌아가기는 싫었고 빨리 치료를 받고 싶었다. 당시 내 재활을 도와주고 치료에 가장 큰 역할을 해 준 집 근처 한의원이 떠올랐고, 그곳에서 치료를 받으면 허리는 금세 낫고 그걸 바탕으로 하나씩 회복해 나가면 되지 않을까 하는 생각으로 한의원을 찾았다. 하지만 나를 치료해 주던 원장님은 이미 그곳을 떠난 후였다. 새로운 의사가 나를 맞이했지만, 그 빈자리와 낯섦이 나를 더욱 두렵게 만들었다. 기존 선생님은 다른 병원으로 이동하셨다고 한다. 돈을 많이 버셔서 수도권으로 가신 것 같다. 축하할 일이었다. 하지만 내 마음은 일그러졌다. 억지로 진료를 마치고 침대에 누워 찜질을 받기 시작했다. 혼자 한의원 침대에 남게 된 그 순간, 갑자기 눈물이 터져 나왔다. 나는 나아질 수 있을까? 과거에 이 병원에서 재활 치료를 받으며 힘들었던 시기를 이겨 내고 시험에 붙고 행복한 생활을 했던 기억이 있었기에, 이번에도 그런 회복 과정을 마음속으로 꿈꾸고 있었다. 하지만 그 시작부터 어그러진 것이었다. 나를 낫게 해 준 분이 사라진 것이었다. 다른 분께 치료를 받아도 통증은 사라질 수 있겠지만 당시에 나는 더 이상 회복할 수 없을지도 모른다는 불안에 집어삼켜지고 말았다. 치료를 받으면서도 미래에 대한 막막함이 머릿속을 떠나지 않았다. 과거의 그 힘든 시간들을 이겨 내고 다시 겨우 건강해지고 행복해지고 나의 자리를 얻어 냈는데, 정작 내가 얻은 미래는 더 아프고 더 고통스럽기만 했다. 그리고 지금은 당장의 아픔을 이겨 낼 수 있을지조차 모르는 상황이었다. 그렇게 누워서 한참을 울었다. 아이러니한 건 이때 과장님께 전화가 왔다. 갑작스레 휴직을 낸 직원의 상태가 궁금했을 것이다. 그런데 다 큰 어른이 오열을 하면서 전화를 받았다. 얼마나 당황하셨을지 지금 생각하면 쇼츠각이 따로 없다. 그렇게 폭풍 같은 휴직 첫날이 지나갔고 나는 첫날부터 몸을 돌봐야겠다는 의지와 희망마저도 사라져 버렸다. 끝도 없는 휴직과 절망의 터널의 입구에 들어선 것이었다. 나는 내 미래에 대한 확신이 없었고, 내가 나아갈 수 있을 것이라는 희망이 보이지 않았다. 그렇게 3개월로 생각하고 시작했던 첫 휴직이 시작되었고 3개월이 아닌 약 14개월간 지속되었다.

휴직 첫날의 느낌은 잊을 수가 없다. 모든 것이 텅 빈 것 같았고, 동시에 내가 홀로 남겨진 느낌이 들었다. '휴직'이라는 단어는 듣기만 해도 휴식과 여유가 떠오르는 단어일지도 모르지만, 나에게 휴직은 도망침이자 패배였다. 일상에서 도망쳐 나온 것 같았고, 나를 덮쳐오는 수많은 불안을 막아 내지 못해 그저 숨어 버린 기분이었다. 그 첫날을 보내면서 나는 다시금 나 자신에게 실망하고 좌절했다. 그래서 처음에는 이 휴직이 단기간에 끝날 거라고 생각했다. 몇 달만 쉬면 몸도 마음도 나아질 것이라 믿었다. 하지만 시간이 지나면서 그것이 착각이라는 사실을 깨달았다. 나는 이미 상처받을 대로 상처받았고, 단순히 몇 달 쉬는 것만으로는 나아질 수 없는 상태였다. 몸과 마음이 모두 지쳐 있었고, 무언가를 다시 시작할 힘조차 없었다. 그래도 스스로를 너무도 사랑했기에 지금 당장은 미워해도 포기하지는 않고 붙들고 있었던 것 같다. 그 처절한 매달림이 그래도 나를 끝까지 버텨 내게 해 준 가장 중요한 요인이었던 것 같다.

첫날 한바탕 울고 나서 막막한 절망을 맛본 후에도, 병적으로 가만히 있지 못하는 성격 탓에 휴직을 단순히 쉬는 시간으로만 보내고 싶지는 않았다. 무언가를 이겨 내는 방법은 끝없이 움직이고 앞으로 전진하는 것뿐이라고 믿었기 때문에 주저앉아 있을 수 없었다. 바보같이 우직했다.

때로는 쉴 줄도 알아야 하는데 말이다. 아무튼 그 당시 나는 이 시간을 통해 무엇인가 새로운 것을 시도하고, 내 적성을 찾으며 희망을 발견하고 싶었다. 그렇게 다짐했지만, 그 과정은 생각보다 훨씬 더 어려웠고 나는 계속해서 아팠다.

휴직 기간 동안 약도 강한 것으로 교체하고 계속 쉬었지만 근본적으로 호전되는 것 없이 계속 아팠다. 생활은 불규칙적이었고 방에서 나가질 않았다. 심하면 일주일 동안 집 밖에 나가질 않았다. 철저하던 자기관리는 무너지기 시작한 지 오래였다. 지키던 식단도 다 무시하고 배달음식만 먹게 되었다. 운동도 안 하게 되었다. 그러면 또 스스로 한심해 보였다. 자기관리조차 못하는구나. 상황은 좋아지지가 않았다. 당시 휴직을 3개월씩 했는데, 그 이유가 바로 조금이라도 낫고 적응이 된 것 같으면 복직해서 제대로 된 삶을 살고 싶었기 때문이다. 하지만 항상 3개월은 금방 지나갔고 변하지 않고 처참하게 망가져 있는 내 모습에 또 다시 실망하고 아파하면서 휴직을 연장할 수밖에 없었다. 자존감은 바닥에 떨어졌고 방 안에서 혼자만의 세상에 갇혀 지냈다. 모든 날이 같은 날처럼 느껴졌다. 도마뱀 밥 주는 날이 아니면 요일도 기억하지 못했을 것이다. 도마뱀에 의지하게 되니 기르는 동물만 늘어나서 집 안이 동물원이 되기도 했다. 그러다 보니 가족과도 트러블이 생겼다. 한 번도 내 휴직과 관련해서 싫은 소리 하신 적 없던 어머니도 나 때문에 너무 힘드셨는지 하루는 울면서 하소연을 하셨다. 그때 마음이 너무 아팠다. 나도 이러고 싶지 않은데, 이럴 수밖에 없는 스스로가 너무 미웠다. 그날 밤에 나는 아마 울다가 지쳐 잠들었을 것이다. 그날이 유독 슬펐던 것도 있지만 그것이 내가 울다 지쳐 잠든 유일한 이유는 아니다. 당시 대부분의 날이 울다 지쳐 잠들지 않으면 잠에 못 드는 날들뿐이었다는 게 더 큰 이유일 것이다.

　이렇게 많이 아프고 약으로도 상담으로도 어찌할 수 없고, 그동안 지켜 왔던 모든 것이 무너진 최악의 상황이 되었지만 그래도 나는 스스로를 포기할 수 없었던 것 같다. 내가 밉고 내가 한심하고 내가 싫었지만 그래도 버릴 수는 없었다. 어떻게든 이 상황을 벗어나고 싶었다. 그래서 정말 다양한 것들을 시도해 보았다. 내 적성을 찾기 위해서 살길을 찾기 위해서 말이다. 어떠한 노력을 했는지는 다음 장에 자세하게 하기로 하겠다. 이 장에서는 힘든 면에 좀 더 집중해서 서술하고자 한다. 정말 말도 안 되게 많은 시도를 했지만 그 많은 시도에서 모두 실패했다. 이렇게 실패를 겪으면서도 저 많은 시도를 했다는 것도 신기하고, 모든 게 실패했다는 것도 신기했다. 나는 나를 버리지 않았는데 하늘은 날 버렸다는 생각이 들었다. 시간뿐 아니라 금전적인 큰 손실까지 겪으면서 나는 더 큰 스트레스와 압박감 그리고 절망감을 느꼈다. 이 모든 실패와 절망 속에서 늘어난 것은 눈물뿐이었다. 그러나 또다시 오기가 발동했다. 하늘이 날 버리고 모두가 날 버려도 나는 나를 버리지 않겠다. 내가 힘들고 죽을 것 같지만 나는 과거의 내가 너무나 그리웠다. 너무나 간절하게 낫고 싶었고, 나를 되찾고 싶었다. 내게서 나를 뺏어간 세상이 너무 미워서 지기 싫었다. 주저앉고 싶을 때면 절에 가서 기도를 하기도 했고, 등산을 하며 마음을 다스려 보기도 했다. 그렇게 나 자신을 다독이며 포기하지 않으려는 몸부림 속에서 상황이 멈추기 시작했다. 호전은 아니더라도 더 이상 악화되지는 않았다. 더 이상 떨어질 곳이 없어서인지, 내 가상한 노력 때문이었는지 알 수는 없지만 어쨌든 더 이상 심해지진 않았다. 물론 이미 심한 상황이라 악화되지 않더라도 나는 매일이 버거웠다. 그래도 사람은 적응의 동물이라 그런가, 찢어지고 찢어진 내 마음은 더 이상 찢어지지 않고 조금씩 단단해지기 시작했다.

그러던 중, 나는 우연히 나와 맞는 상담 선생님을 만나게 되었다. 그 선생님과의 만남을 통해 나의 마음속 깊은 상처와 불안을 마주하기 시작했다. 상담을 통해 점차 내면을 치유하며, 비로소 새로운 희망이 보이기 시작했다. 이직이라는 목표도 점차 분명해졌고, 내 삶에 필요한 변화를 모색하기 시작했다.

나는 그 후로도 여러 직장에 도전하며 다양한 길을 모색했다. 부동산 자산운용사로의 이직을 준비하기도 했지만, 실력 외적인 문제들로 인해 다시 좌절을 경험했다. 이때도 사실 크게 무너질 위기를 맞았다. 정말 큰 노력을 하고 자신이 있음에도 불구하고 말도 안 되는 이유로 좌절을 하게 된 것도 큰 절망이었지만, 그것보다 사실 주변의 가족이나 애인조차 진심으로 내 이직을 응원하고 있는 것은 아니라는 것을 이 이직 준비과정에서 느꼈다. 너무나 상처를 많이 받았고 사람 자체가 미웠고 보기가 싫었다.

그런데 오히려 이 상처가 도움이 됐다. 어차피 나의 이런 아픔과 고민을 이해받을 수 없다면 역으로 나도 세상에 이해받기 위해, 인정받기 위해 사무관이라는 감투를 쓰고 있을 이유가 없지 않은가. 어차피 남은 나를 완벽히 이해할 수 없는데 내가 직장을 통해서 그들에게 인정받으려고 노력하는 것이 무슨 소용이 있겠는가. 이러한 생각이 들면서 이직에 대한 용기가 생겨나기 시작했다. 그래서 포기하지 않고 다시 스타트업과 투자 공부에 몰두하며 내 적성을 찾기 위해 노력했다. 그리고 드디어 기나긴 휴직이 끝나고 나를 아프게 한 원인과 다시 한 번 마주해야 하는 순간이 다가왔다. 복직의 시간이었다. 너무나도 많이 아팠지만 휴직은 나

5급 사무관을 때려치우다

에게 많은 것을 깨닫게 해 주었다. 단순히 직장에서 벗어나 쉼을 얻는 것이 아닌, 진정한 자신을 찾기 위한 여정이었다. 하지만 깨달음이 상처와 고통을 없던 것으로 만들어 주지는 않는다. 상처는 상처고 깨달음은 깨달음이다. 휴직 기간은 내가 얼마나 무너질 수 있는지, 아플 수 있는지 너무나 처절하게 알려 주었다. 그리고 얼마나 상처 입었는지, 스스로를 돌보지 않으면 어떻게 되는지 역시 처절하게 알려 주었다.

1년간의 휴직은 나에게 지울 수 없는 흔적을 남겼다. 개인적인 아픔과 극심한 우울증, 그리고 회복되지 못한 스트레스 속에서 지낸 시간이었지만, 이제는 복직하여 다시금 사회에 발을 내딛어야 했다. 마음은 여전히 불안했고, 조금씩 회복된 듯 보이던 몸과 마음은 여전히 흔들리기 쉬운 상태였지만, 나아가야 한다는 생각 하나로 복직을 결정했다. 복직 이후의 시간이 마지막 시험 같았다. 공직 생활을 견딜 수 있는지, 혹은 정말로 다른 길을 찾아야 할지 스스로를 확인하는 시험이었다. 하지만 끝까지 하늘은 나를 쉽게 가게 두지 않았다. 이 시험은 예상보다 훨씬 더 거친 파도를 일으켰고, 나는 그 안에서 끝없이 흔들리고 무너져 내렸다. 순탄한 회복 같은 스토리는 존재하지 않았다.

복직하자마자 나는 새로운 부서에 배치되었다. 업무는 이전과 조금 다를 뿐 근본적인 변화는 없었다. 그저 일상의 소용돌이에 던져진 듯 하루하루 버티기만 하면 된다는 생각으로 일에 매달렸다. 일상은 단조로웠으나 힘겨웠다. 그리고 개인적인 큰 아픔도 있었다. 다른 사람들 눈에는 내가 별일 없이 일과를 소화해 내는 것처럼 보였겠지만, 나에게는 그 모든 것이 엄청난 고통이었다. 개인적인 상황도 여의치 않은데 내가 원치 않는 업무와 자리에서 다시금 정신적, 육체적으로 버텨 내야 한다는 것이 쉽지 않았다. 익숙해진 건 업무나 직장이 아닌 고통과 슬픔 그리고 눈물 뿐이었기에 그래도 이를 악물고 버텨 낼 수 있었다. 적응해서 더 이상 아프지 않거나 덜 아프게 된 것이 아닌, 매일매일 아픈 상태로 살아오다 보니 아파도 살아갈 수 있는 상태가 되었다고 보는 게 맞을 것 같다. 나를 둘러싼 현실은 여전히 무거웠다. 매일 밤 찾아오는 우울감과 불안감은 쉽게 사라지지 않았다. 하루의 업무를 마치고 집으로 돌아와도 머릿속은 복잡했고, 몸은 지쳐 있었지만 잠에 들 수가 없었다. 밤이 깊어질수록 혼자라는 느낌과 이 모든 고통이 언제 끝날지 모른다는 막연한 불안이 밀려왔다. 어쩌면 나는 이 공직 생활에 끝까지 적응하지 못할지도 모른다는 생각이 가슴속에서 커져 갔다. 그러면서도 내가 선택할 수 있는 다른 길이 과연 있는지에 대한 회의가 들었다. 복직 후 몇 개월이 지나면서 몸에 다시 문제가 생기기 시작했다. 갑작스런 부서 이동이 원인이 되었다. 정말 말도 안 되는 일의 담당자가 되었고 나는 무기력했다. 아무것도 할 수 없었고 너무나 큰 자괴감이 밀려왔다. 잦은 두통과 피로감, 무기력감이 나를 덮쳤고, 결국에는 또다시 병가를 내야 했다. 병가를 내고 다시 정신과 치료를 받으며 스스로를 다독여 보려 했지만, 이번에는 몸의 증세가 더 극심했다.

그래서 신경외과에 가서 정밀검진을 받아 보았다. 검진 결과는 충격적이었다. 자율신경계 이상으로 인한 저혈압. 생전에 혈압 문제가 있었던 적이 없는데, 정밀 혈압 검사에서 40~80이 나왔다. 그러니까 매일 어지럽고 피로하고 몸이 이상했던 것이었다. 실제로 얼마 지나지 않아 저혈압 때문에 한 번 쓰러져서 이마를 크게 다치기도 했다. 그러나 저혈압만 문제가 아니라 근본적으로 자율신경계 이상이 원인이었다. 의사 선생님이

5급 사무관을 때려치우다

진료를 하면서 나에게 이렇게 말했다. "혹시 죄송한데 약 같은 거 하시나요? 아니면 술을 많이 드신다든가? 담배를 많이 하신다든가? 이게 보통은 이러기가 힘들거든요." 이 말을 듣고 어이가 없어서 웃었다. 담배는 태어나서 해 본 적도 없고 술은 안 마신 지가 5년이 되어 가는 시점이었다. 마약? 영화에서만 보고 평생 할 생각도 없다. 그런데 그때 이어진 의사 선생님의 말씀이 이랬다. "이게 어떤 이유에 의해서 갑자기 이전과 비교해서 부교감신경이 지속적으로 활성화되어 있으면 이럴 수 있거든요. 쉽게 설명하면 마약을 해서 확 교감신경이 활성화되어 있다가 안 하면 이제 마약 같은 자극을 못 느끼니 계속 몸이 꺼져 있는 거죠." 이 말을 듣자마자 원인이 바로 파악되어서 의사 선생님께 질문을 했다. "혹시 이런 것도 원인이 될 수 있나요? 제가 원래 되게 일상에서 재밌게 살았는데 직장 들어오고 나서는 평소에 웃을 수도 대화할 수도 없게 되어서 항상 우울한 상태로 지냈거든요." 이 말을 듣더니 의사 선생님이 고민하시더니 만약 그게 정말이라면 그럴 수도 있다고 하셨다. 너무 어이가 없고 슬프면서도 웃기고 기분이 좋았다. 그냥 내가 이론적으로 반농담 삼아 나는 너무 재밌게 살다가 공직에서 재미없어져서 아프고 못 견디는 거다. 이게 정말이었다니 나에 대한 내 판단이 틀리지 않았다는 것에 기분이 좋았고, 공직을 벗어나야만 하는 이유가 하나 생겨서 기분이 좋았다. 이곳에 있으면 무조건 내 몸은 정상이 아닐 수밖에 없으니 벗어나야만 했다. 그렇게 다시 한 번 내 몸과 마음은 절벽 아래로 떨어졌지만 이번 절벽 아래에서는 그래도 희망이라는 자그마한 꽃을 발견할 수 있었다. 확실히 공직이 나랑 안 맞는다는 명확한 이유가 내겐 나가야 한다는 열정을 만들어 주는 희망이었다.

이렇게 복직 후 나아지는 것 없이 몸도 마음도 다시 아파 병가를 썼지만 한 가지 다행이었던 것은 주변에 친구들이 있었다는 점이었다. 물론 친구들도 나의 고통을 완전히 이해할 수는 없었겠지만, 어릴 때부터 친했던 친구들과 있으면 적어도 웃을 수 있었다. 지금 내 모든 고민과 걱정을 해결해 줄 수는 없었지만 함께 떠들고 놀면서 내게 웃음을 주었다. 친구들의 응원과 지지가 없었다면 나는 이 또다시 찾아온 병가 시기를 견디기 훨씬 어려웠을 것이다.

그렇게 자율신경계 이상으로 인한 병가 2달은 친구들의 도움으로 금세 지나갔고 나는 또다시 복직했다. 복직도 적응될 만한 숫자인데 여전히 복직은 힘들고 낯설었다. 당장에 큰 문제였던 저혈압 문제는 치료되었지만 복직 후의 일상은 여전히 싸움의 연속이었다. 스스로가 계획한 일과를 소화해 내는 것조차 버거웠다. 주어진 업무를 소화하는 것도 힘들었지만, 내 마음속에서는 끊임없는 회의와 불안이 들끓었다. 나는 그 회의를 매일같이 잠재우며 하루를 버텨 내야 했다. 그 과정에서 나 자신과의 싸움도 계속되었다. 무너지지 않기 위해 마음을 다잡고, 끊임없이 스스로에게 '포기하지 말자'고 다짐했다. 마음이 꺾여도 되고, 몸이 무너져도 되니까, 힘들면 주저앉아도 되니까 완전히 놓지만 말자. 지금 상황이 아무리 처참해도 보기 싫어도 눈을 감지 말고 내가 나아가야 할 길을 바라보자.

하지만 이러한 오기 섞인 다짐에도 불구하고 혼자서 그 모든 것을 감당하기란 쉬운 일이 아니었다. 이 길이 맞는지에 대한 회의감이 밀려왔고, 매일 같은 일을 반복하는 것이 내게 어떤 의미가 있는지조차 불투명하게 느껴졌다. 그런 날에는 항상 그래 왔던 것처럼 아무도 없는 곳에서 혼자

5급 사무관을 때려치우다

울기도 했고, 스스로의 한계에 대해 분노하기도 했다. 그래도 매일 아침이 되면 다시 일어나 일을 해야 했다. 과거보다 오기가 생기고 미래에 대한 내 생각은 변했지만, 현실의 무게는 아랑곳하지 않고 여전히 나를 짓눌렀다.

　그래도 답 없이 무게에 짓눌려 고통받고 울기만 했던 이제까지와 달리 이번에는 내 생각과 시야가 조금씩 변화하고 있었다. 마음은 여전히 불안정했지만, 나는 다시 한 번 스스로를 일으키며 나아가기로 했다. 이곳에서 나가기로 했으니 죽이 되든 밥이 되든 길을 찾자. 이렇게 목표까지 정했다. 그렇다고 해서 모든 것이 순탄하게 이어지지는 않았다. 여전히 외로움과 불안감은 내 안에 자리 잡고 있었고, 밤이면 다시금 찾아오는 어둠 속에서 무너질 때도 많았다. 그러나 나는 과거와는 조금 달라진 마음가짐을 가지고 있었다. 과거의 나는 조금만 힘들어도 주저앉기 바빴고, 불안감에 휩싸여 어떤 것도 할 수 없었다. 하지만 이제는 불안해도, 또 무너지더라도 다시 일어설 수 있다는 생각을 가지게 되었다. 적어도 목표가 생겼으니 말이다. 이렇게 내가 조금씩 변화해 가고 있다는 사실만으로도 나는 스스로에게 칭찬을 해 주고 싶었다. 비록 모든 것이 완벽하게 해결되지는 않았지만, 내가 원했던 대로 무너지고 쓰러져도 다시 도전하고 나아가는 마음을 가지게 된 것이다.

　복직 이후부터 이직까지의 시간은 나에게 정말로 마지막 시험이었다. 내가 과연 다른 길을 선택할 용기가 그리고 능력이 있는지를 시험받는 시간이었다. 이 시간을 통해 나는 스스로에게 수많은 질문을 던졌고, 매일매일 그 질문에 답하며 하루를 견뎠다. 답이 명확하지 않을 때도 있었고, 혼란스럽기만 한 시간도 많았다. 시험 문제를 내는 것도 나였고, 푸는 것도 나였고, 채점하는 사람도 나였다. 이렇게 말도 안 되는 시험 속에서도 내가 버텨 내고 있다는 사실이 나에게는 작은 희망이 되었다. 복직 이후에도 병과 불안이 나를 찾아왔지만, 그래도 충실하게 시험 문제를 해결해 나가고 있었다. 어떻게든 고통을 견뎌 내며 하루를 그냥 보내는 것이 아닌 그래도 이번에는 조금이나마 앞으로 나아가고 있었다.

이렇게 연수원 입교 전부터 이직 전까지 내가 겪은 고통에 대해 정말 자세하게 서술해 보았다. 과거이다 보니 기억과 고통이 잊혔을까 걱정했는데 쓰다 보니까 그때의 감정이 떠올라서 작업이 너무 힘들었다. 솔직히 말하면 나는 아직 그때의 상처와 아픔을 그리고 트라우마를 극복하지 못했다. 아마 평생이 가도 극복하지 못할 수 있을 것 같다. 솔직하게 말하면 딱히 극복하고 싶지 않다. 나는 분명하게 고통받고 아팠다는 사실을 있는 그대로 남겨 놓고 싶다. 그래서 마주하고 싶지 않은 힘든 기억을 헤집어서 이 글을 남기는 것이다. 내가 처절하게 고통받고 아팠던 사실과 기억에 대해서 포장하지도 억지로 이겨 내려 하지도 않고 내가 겪은 과거인 채로 그대로 내 인생의 일부로 간직하고 남겨 둘 것이다. 이러한 상처 또한 어쩔 수 없는 내 인생이니까 말이다.

어떻게
극복했는지

〇

 '아프고 힘들고 죽을 것 같다'로 점철된 나의 힘들었던 공직 생활에 대한 이야기가 이제 끝이 났다. 이제는 우울한 이야기는 좀 덜어내고 희망한 스푼을 더해 '죽음까지 생각할 정도로 깊은 심연에 빠졌었지만 나는 어떻게 극복했는가?'에 대한 이야기를 해 보려 한다. 당연히 주변 사람들의 도움, 상황적 운 모든 것이 받쳐 주었겠지만 이런 것들은 사실 스스로 어찌할 수 없는 외적 요인이다. 그나마 내가 조금이나마 컨트롤 가능한 내적 요인으로 보자면 가장 큰 이유는 나의 오기와 고집에 있었던 것 같다. 간단히 말하면 나는 고통과 우울에서 벗어나고 싶었다. 어릴 때의 행복했던 나를 기억하기에 그 시절로 돌아가고 싶었다. 그 어린 시절이 너무 빛났기 때문에 공직 생활의 어둠이 더 짙게 느껴지고 고통이 더 강하게 느껴졌을 수도 있지만 그 빛나는 시절을 기억하기에 나는 끝내 포기하지 않을 수 있었다. 그 빛을 죽기 전에 다시 한 번만 더 보고 싶어서 수단과 방법을 가리지 않고 모든 행동을 취했다. 정신과도 다니고, 상담도 받고, 점도 보고, 내 적성을 문제를 찾기 위해서 밤낮 고민하고 모든 행동을 취했다. 이직을 하기 위한 노력도 포기하지 않았다. 아무리 힘들고 죽고 싶어도 에너지가 없어도 그냥 했다. 열심히는 못 해도 잘하지 못해도 그냥 했다. 말 그대로 Just Do it이었다. 나이키 광고처럼 멋있는 Just Do it이 아니라 힘 다 빠진 죽어 가기 직전이지만 그냥 하는 그런 Just Do it이었다. 그렇게 발버둥을 친 덕분인지 나 자신의 문제점에 대해 명확히 인식하게 되고 적성을 찾게 되었다. 이를 계기로 나는 이전의 나로 돌아오기 시작하였고, 결국에는 목표했던 이직을 하게 되었다. 이번 장에서는 내가 고통과 심연에서 벗어나게 된 과정에 대해 좀 더 자세하게 이야기를 해 보고자 한다. 이 이야기 역시 멋지게 포장할 생각도 과거를 왜곡할 생각도 없다. 정말 지금도 고민하고 있는 누군가에게 도움이 되었으면 하는 마음으로 진솔하게 써 내려가고자 한다.

결국 극복의 결과가 이직으로 끝났으니 이직에 대한 고민을 언제부터 했는지 설명하는 것이 시작일 것 같다. 정확하게 말하면 정식 부처 생활을 한 지 1달도 안 되어서 고민을 시작했다. 처음에는 지방 생활인 것이 크게 작용하여, 단순하게 서울 쪽으로 공무원 시험을 다시 볼까 하는 수준이었다. 하지만 이후 점차 사람과 일이 맞지 않음을 느끼면서 단순 공무원이 아닌 다른 쪽으로 이직하고자 하는 마음이 커졌다. 이렇게 빨리 이직 고민을 시작했는데 막상 이직하기까지 4년 가까이 걸렸다. 왜 이렇게 오래 걸린 것이었을까? 인생에 있어서 같은 실수를 3번 반복하고 싶지 않아서였다. 나는 대학교 학과를 선택할 때도 내 적성을 모르고 그냥 친구 따라, 점수 따라 갔다. 그래서 많은 고생을 했다. 휴학도 많이 하고, 전과도 하고 결국 고시라는 길을 택하게 되었다. 직업을 선택할 때 근데 바보같이 똑같은 실수를 했다. 적성을 제대로 알아보기보다 그냥 내가 할 수 있는 선에서 가능한 직업을 선택했다. 그래서 엄청 큰 고통을 겪었다. 그런데 이직을 하는 데 있어서 또다시 적성을 알아보지 않고 이직할 수는 없었다. 같은 실수를 3번이나 하는 바보짓은 할 수 없었다. 힘들더라도 버티면서 확고하게 나의 적성을 파악하고 내 다음 직업을 선택하고자 결심했다.

　도망친 곳에 낙원은 없다. 이 말을 그동안의 경험으로 깨달았기에 다시는 도망치기 싫었다. 쓰러지더라도 도망치지는 않으리라는 결심을 했기에 빠르게 이직할 수 없었고 고통의 시간은 길어졌다. 하지만 지금 돌이켜보면 저 결심이야말로 최고의 판단이었다. 만약 내가 저때 현실 도피성으로 다른 길을 택했다면 지금과 같이 행복할 수 없었다고 생각한다. 단순히 그냥 공직 내에서 다른 곳으로 옮겼어도 나는 똑같이 고통을 받았을 것이다. 나는 로스쿨을 갔어도 고통을 받았을 것이다. 다른 전문직 시험을 봤어도 마찬가지였을 것이다. 그리고 대기업을 갔어도 마찬가지였을 것이다. 제대로 된 준비 없이 그저 현실을 피하기 위해 도망쳤다면 또 다른 지옥을 경험했을 것이다.

　하지만 나는 그 정도로 바보(?)는 아니었고 꾸준함에는 자신이 있었기에 정말 무식한 방법으로 고통을 견뎌 내면서 내 적성을 찾는 시간을 가졌다. 서른이 넘어서 적성을 찾는다는 것이 우리나라에서는 그렇게 좋은 인식을 가지고 있지 않았고 내 방법은 매우 무식했기에 사실 모든 이에게 나 같은 방법을 추천하기에는 힘들다. 내 장점 중 하나가 남들 눈치 보지 않고 스스로의 마음에 솔직하고 타인에게 휘둘리지 않는 것이기에 가능한 방법이었다고 생각한다. 쉽지는 않은 방법이지만 정말로 자신의 적성을 찾고 싶은 사람에게는 한 번쯤 고려해 볼 만한 방법이라고 생각한다. 그 방법에 대해 이야기를 시작해 보겠다.

　휴직을 결정할 때 나는 단순했다. 한두 달만 쉬면 몸도 마음도 회복할 수 있을 거라고 생각했다. 그런 시간을 통해 다시 원래 자리로 돌아가 버틸 힘을 되찾고, 어느 정도의 정신적 여유도 다시 누릴 수 있을 거라고 믿었다. 그러나 현실은 내 예상과는 완전히 달랐다. 막상 휴직을 시작하니 몸과 마음은 내 예상보다 훨씬 더 심하게 상처 입어 있었다. 몇 개월의 쉬는 시간만으로는 결코 다 아물 수 없는, 깊고도 고된 흔적이 나를 짓누르고 있었다.

휴직을 시작하면서 나는 충격을 받았다. 단순히 무기력함과 피로감을 넘어서, 나 자신이 완전히 무너져 있었다는 것을 깨닫는 시간이 찾아온 것이다. 누군가의 도움이 아니면 스스로 일어설 수도 없는 상태가 되어 있었고, 매일 지쳐 가는 몸과 멍해지는 정신 속에서 도대체 어떻게 회복할 수 있을지 막막하기만 했다.

그러나 다행히도 나는 혼자가 아니었다. 나를 언제나 응원해 주는 가족과 당시의 여자친구, 그리고 늘 옆에서 힘이 되어 주던 친구들이 있었다. 그들의 존재가 없었다면 나는 이 시간을 더 힘겹게 견뎠을 것이다. 덕분에 나는 이 시간을 단순히 휴식의 시간으로 보낼 수 없다고 결심했다. 이 기회를 나의 적성을 찾고 희망을 되찾는 시간으로 삼아야겠다고 마음먹었다.

휴직 기간 동안 나는 가만히 있을 수 없었다. 단순히 쉬는 것으로는 회복이 되지 않을 것 같았고, 이 시간을 나를 위한 투자로 활용하기로 했다. 그래서 그동안 하고 싶었지만, 업무 때문에 미뤄 왔던 다양한 공부와 시도를 해 보기 시작했다. 스스로의 적성을 찾기 위해, 그리고 나 자신에게 맞는 새로운 길을 찾기 위해 열정을 쏟았다. 어떠한 방법으로 적성을 찾았는지 결론부터 이야기하자면 정공법이었다. 무식하리만큼 단순한 정

5급 사무관을 때려치우다

공법이다. 해 보고 싶은 것, 해 볼 만한 것, 요즘 유행하는 것 등 가리지 않고 전부 공부하고 다 경험해 봤다. 센스 있게 파악하고 스스로를 분석하고 이런 것은 필요 없었다. 일단 다 해 보고 몸으로 느꼈다. 그게 전부라고 말해 주고 싶다.

가장 먼저 시작한 것은 부동산 투자였다. 이쪽에 조예가 깊은 친구가 있었기에 처음부터 도움을 받아 바로 실제 투자로 들어가고, 여러 책을 읽고 관련 강의도 들으면서 지식과 경험을 쌓아 갔다. 덕분에 아직까지도 친구와 함께 부동산 쪽은 지속해서 투자를 하고 관심을 가지고 있다. 다음으로는 주식 투자도 시도해 보았다. 다양한 투자 방식을 익히기 위해서 실강도 듣고, 친구에게 코딩을 배우며 자동매매 프로그램까지 만들어 보았다. 몇 달을 혼자서 과거 미국시장 데이터까지 구매해 가면서 백테스팅을 하고 프로그램을 만들어 보고 돌려 보았다. 그러나 이마저도 쉽지 않았다. 프로그램을 만들고 몇 차례 거래를 시도했지만, 예상치 못한 문제들이 발생했다. 그러나 가장 큰 문제는 이미 무너져 있던 내 멘탈이었다. 내가 만든 프로그램대로 세운 원칙대로가 아닌 그냥 감정적으로 거래하기 시작했고 큰 금전적 손실을 남긴 채 이 공부는 끝나 버렸다.

이모티콘을 그려 보기도 했다. 평소 창의적인 면을 발휘할 수 있는 기회가 될 거라는 기대가 있었다. 그림도 못 그리지만 일단 아이패드를 사서 그림 연습을 하고 과거에 기획해 둔 아이디어대로 콘티까지 그려 보았다. 하지만 역시 재능의 한계가 있었다. 내가 만든 수준으로는 출시까지 이르지 못했다. 이 역시 실패로 돌아갔다. 스마트스토어도 운영해 보려 했지만, 실제로 해 보니 내가 기대한 만큼의 센스가 부족하다는 것을 깨달았다. 그 외에도 수많은 강의를 듣고 새로운 분야에 도전했지만, 실패의 연속이었다. 어느 것 하나 제대로 된 결과를 가져오지 못했다. 무너져 있던 나는 계속해서 발버둥 쳤지만 그건 그냥 발버둥일 뿐이었다. 나는 실패하고 실패하고 무너지고 또 무너졌다.

지금 돌아보면, 그 시기의 나는 참으로 비참했다. 가장 힘든 시기에 새로운 희망을 찾겠다고 없던 힘을 쥐어짜서 도전하고 공부했던 것인데 그 어느 것 하나 결과를 내지 못했다. 시작한 수많은 도전이 실패로 돌아가자 좌절감은 더욱 깊어졌다. 새롭게 시작한 일들이 조금씩 무너질 때마다 스스로가 한없이 작아지는 것을 느꼈다. '이렇게 노력해도 나는 결국 안 되는 걸까?' 하는 자괴감이 나를 휘감았다. '내가 잘할 수 있는 것은 결국 없고 나는 공무원이나 해야 되는구나. 현실에서 벗어날 만한 재능이 내게는 없구나' 하는 마음이 나를 옥죄어 왔다.

그러나 그렇다고 해서 그만둘 수는 없었다. 마음속에서는 끊임없이 '포기하고 싶다'는 소리가 들려왔지만, 동시에 그 소리에 맞서며 다시 도전하고자 하는 마음도 있었다. 그만큼 지금 이 비참한 현실이 싫었고 빛났던 내 과거가 기억이 났다. 실패가 쌓이고 상처가 깊어지면서도, 나는 끝까지 도전의 끈을 놓지 않았다. 결과는 하나도 없었지만 그래도 포기하지 않고 계속해서 적성을 찾으려고 노력한다는 사실 하나를 위안 삼으면서 매일 아침 이를 악물고 적성을 찾기 위한 무식한 노력을 그리고 실패를 반복했다. 어차피 당시에는 죽음에 대한 생각이 가까이 있었기에 죽기 아니면 까무러치기라는 생각으로 했다. '죽을 거면 다 해 보고 죽자'는 생각으로 당시에는 버텼던 것 같다.

현실적으로는 공직에서 벗어나기 위해 적성을 찾기 위한 노력을 하면서도 그 시기에 나는 스스로를 다독이는 다양한 방법을 찾으려 노력했

5급 사무관을 때려치우다

다. 직장과 별개로 지금 내 마음의 그늘을 걷어 내려는 노력도 필요하다고 생각했기 때문이다. 하루가 멀다 하고 반복되는 실패 속에서 내 마음의 쉴 곳을 찾지 않으면 나는 정말로 버틸 수 없을 것 같았다. 그래서 마음을 다스리는 법에 대한 공부도 게을리하지 않았다. 많은 책을 읽고 영상을 보고 가장 중요한 것은 배운 것을 일단 실천해 보는 것이었다. 그게 명상이 되었든 어떠한 생활습관이 되었든 말이다. 절에 가서 기도도 하고, 등산을 하면서 자연 속에서 머리를 식히기도 했다. 때로는 음악을 들으며 노래를 부르거나, 사주나 점을 보며 미래에 대한 막연한 위로를 받기도 했다. 스스로를 달래기 위해서 이런저런 방법을 동원해야만 했다. 그저 무언가에 의지하면서 내일을 살아갈 힘을 얻기 위해, 매일 다양한 방법으로 나를 위로했다. 내가 나를 놓아 버리면 그것으로 돌이킬 수 없을 것 같다는 생각이 강하게 들었다.

그러던 어느 날, 앞서 이야기한 나와 잘 맞는 상담 선생님을 만나게 되었다. 의학적으로 전문가이거나 상담을 배우신 분이 아닌 본인도 과거에 정신적 어려움을 심각하게 겪고 스스로 극복한 경험이 있어서 나의 아픔에 진정으로 공감해 줄 수 있는 분이었다. 이전에도 다양한 상담을 받아 왔지만 공감을 받는다는 느낌을 받지 못했다. 그러나 이번 상담은 공감을 받는다는 느낌이 들었고 나에게 큰 도움이 전환점이 되었다. 선생님은 나의 내면 깊숙이 있는 상처를 천천히, 그러나 확실하게 치유해 주었다. 상담을 통해 나는 스스로를 조금씩 이해할 수 있었고, 그렇게 자신감도 되찾을 수 있었다.

상담 선생님의 도움을 받으면서 나는 진지하게 이직 준비를 시작하게 되었다. 이번에는 단순한 흥미나 호기심이 아닌, 내 미래를 위한 진지한

계획을 세우며 하나하나 준비해 나갔다. 늦은 나이에 다양한 직장에 이력서를 넣어 보았고, 특별한 준비 없이 넣은 이력서는 또 당연하게 실패로 끝났다. 하지만 그런 과정에서 정말로 해 보고 싶은 일이 가고 싶은 직장이 생겼다. 바로 부동산 자산운용사였다. 유일하게 휴직 기간에 한 공부 중 부동산 공부가 성과가 있었고 전공과 연관도 있고 개발사업에 대한 관심도 많았다. 그래서 정말 진지하게 오랜만에 눈에 생기를 가지고 서류부터 면접까지 누구보다 치열하게 열정적으로 이직을 준비했다. 자기소개서를 쓰기 위해 2주간 책을 10권을 읽었다. 취업 준비를 해 본 적이 없기에 면접 컨설팅도 받아 보았다. 부동산과 관련된 유료 칼럼사이트도 모두 구독하여 전부 읽어 보았다. 내가 목표로 하고 있는 부동산 자산운용사가 보유하거나 연관이 있는 빌딩 50여 개 이상을 전부 방문하고 주위 임장까지 해 보았다. 필요하다고 생각한 재무관리 부분이나 필요한 것들이 있으면 닥치는 대로 책을 사고 강의를 듣고 준비했다. 지금 생각해도 후회는 없다. 이보다 열심히 할 수는 없었다. 그리고 실력적으로 부족하다 생각하지도 않았다. 어찌되었든 사무관 실무 경력도 있고 말이다. 하지만 정말 예상치 못한 이유로 나는 떨어지고 말았다. 그리고는 이건 극복이 불가능하다 판단하여 깔끔하게 이쪽 길은 접기로 마음먹었다.

그때의 나는 좌절감을 느끼면서도 희망을 놓지 않았다. 준비 과정에서 내게 아직 열정과 끈기가 남아 있다는 것을 확인했기 때문이다. 끝없이 실패하고 넘어지면서도 다시 일어설 수 있는 힘이 나에게 남아 있었다는 사실이 오히려 나를 더 강하게 만들어 주었다.

결국 나는 마지막 도전에서 실패했지만, 어느 정도 마음의 그늘을 걷어내고 죽음의 그늘에서 벗어나는 데 성공했다. 나의 끝없는 발버둥과 나

5급 사무관을 때려치우다

를 포기하지 않은 주변 사람들과 좋은 상담 선생님 그리고 다시금 나를 증명해 본 이직 준비 등 모든 것이 이어진 결과였다. 물론 아직 내 방향이 정해진 것은 아니었지만 이제 더 이상 발버둥도, 떼쓰기도 아닌 제대로 내 미래를 향해 나아갈 수 있는 최소한의 준비가 되었다고 생각했다. 물론 모든 아픔과 고통이 끝이라고 생각하지 않았다. 아직 내가 이겨 내고 버텨 내야 할 것은 많았다. 하지만 내 발버둥과 노력이 있었기에 드디어 제대로 출발선에 섰다고 생각했다. 그리고 이 작아 보일 수 있는 변화가 내게는 '극복' 그 자체였고 아주 큰 전환점이라 생각했다.

그렇게 나는 새로운 꿈을 안고, 스타트업 투자 공부를 시작했다. 이직을 준비하던 시간 동안 조금씩 익힌 투자 지식과 경험을 바탕으로 더 나은 기회를 찾아보자는 생각이 들었다. 여전히 몸과 마음은 아팠지만, 나는 포기하지 않을 놈이란 것을 스스로 깨달아 버렸다. 휴직 동안에 내가 적성을 찾으려고 했던 노력은 결과만 놓고 보면 내게 상처와 실패를 안긴 시간이었지만, 동시에 나의 가능성을 발견하고 나 자신을 다시금 이해하게 해 준 시간이었다. 이 시간 동안 나는 끝없이 도전하고 실패했지만, 그 실패 속에서 나를 찾아가는 과정을 통해 진정한 회복의 길을 발견할 수 있었다. 결국 휴직이라는 시간은 단순히 쉬는 시간이 아니라, 내 인생의 전환점이자 다시 시작하기 위한 준비의 시간이었다.

최종 결심과
선택의 과정

정말 다양한 고통과 실패의 경험을 겪으면서 단순 직업에 대한 공부를 넘어서 나에 대해 더 자세히 알게 되고, 명확하게 내가 원하는 바를 알게 되면서 결심이 서기 시작했다. 직업적 적성뿐만 아니라 내가 왜 이곳에서 힘들어하는지, 나는 어떻게 살아야 하는지에 대해 마음 깊이 이해하기 시작했고 퇴사를 향한 마음의 준비가 차근차근 진행되었다. 이번 장은 내가 스타트업을 최종 이직 목표로 선택하게 된 이유 그리고 퇴사를 결심하게 된 과정을 다양한 관점에서 이야기해 보고자 한다.

가. 왜 기존의 커리어를 전부 포기했는지?

5급 공무원을 그만두더라도 비슷한 전문직으로 이직하든가 대기업으로 이직하는 게 일반적이다. 기존의 커리어를 활용하든 아니면 최소한 공부라는 장점을 살리는 방향으로 가기 마련이다. 하지만 스타트업? 완전 생뚱맞다. 심지어 분야도 내 커리어와 아무 상관 없다. 왜 이런 결정을 내렸는지에 대해 이야기해 보려 한다. 나는 오랜 시간 '시험공부'만으로 내 삶을 살아왔다. 어릴 때부터 할 수 있는 것이 그것뿐이었고, 운이 좋게도 시험에 필요한 것들을 암기하고 분석해 내는 데에는 자신 있었다. 그동안 나에게 시험공부란 곧 성취로 가는 가장 빠르고 확실한 길이었고, 시험의 성공은 당연히 좋은 커리어 아니, 행복한 인생으로 이어지는 것이라고 여겨 왔다. 대한민국에서는 더더욱 그러했다. 시험공부를 잘하는 것은 정해진 성공의 길로 여겨지니 말이다. 그래서 공부가 힘들고 싫어도 혼자서 열심히 해 왔다. 하기 싫은 공부는 하지 않는 한이 있더라도 공부의 길 자체를 포기하진 않았다. 나에게 성취를 줄 수 있고, 내가 사회에서 인정받을 수 있고, 남에게 무시당하지 않기 위한 유일한 길이 내게는 공부, 그중에서도 시험공부였기 때문이다.

그러나 어느 순간, 공직 생활을 하며, 그리고 진지하게 이직에 대한 생각을 하면서 '시험공부가 앞으로의 내 인생을 정말로 책임져 줄 수 있는 것인가? 아니, 이것으로 행복한 인생을 살 수 있을까?'라는 물음이 떠올랐다. 더 정확하게 말하면 내 삶의 길로 얻어 낸 수석 합격이라는 좋은 결과, 최고의 성취마저 나를 불행하게 했다는 사실이 나를 너무 힘들게 한 것이다. 스스로 아직 인정을 못 하고 있을 뿐, 속으로는 이미 깨달은 것이다. 더 이상 시험공부를 통해서는 세상을 행복하게 살아가기 힘들다는 것을 말이다. 이러한 마음의 소리가 점점 표면으로 떠오르면서 시험공부에 대한 나의 관점이 송두리째 흔들리기 시작했다.

이러한 내적인 요인 말고도 외적인 요인도 존재했다. AI의 등장이 어떻게 보면 가장 큰 외적 요인으로 작용하였다. 단순하게 지식을 쌓는 것만으로는, 그 정도 능력만으로는 이제 살아남기 어렵다는 생각이 들었다. 내가 아무리 시험을 잘 보고 날고 기어도 그러한 능력으로는 AI 시대에서 경쟁력 있는 자원이 될 수 없었다. 내가 생각해도 그냥 나 대신 로봇을 쓰면 될 것 같았다. 그런 지식은 단순히 누적된 정보에 지나지 않으며, AI가 로봇이 쉽게 대처할 수 있는 영역이었다. 시대의 변화에 적응하지 못하면 살아남지 못하는 것은 어느 시대에나 동일했지만 이번 변화는 조금 더 극적일 것이라는 생각이 들었다. 그래서 이대로 가만히 있다가는 정말 그냥 시대의 격류에 휩쓸릴 것이라는 생각이 들었다. 아니, '지금 행동에 나서고 내가 노력한다고 해서 벗어날 수 있을까?'라는 의문이 들 정도로 거대한 흐름이라는 생각이 들었다. 오히려 내가 보수적인 성격이었다면, 밖에서 살아남기 어려워지기에 안정적인 공직을 택했을 수도 있지만 솔직하게 말하면 나는 내가 그렇게 무색무취로 사라지는 인생을 살고 싶지 않았다. 부딪혀서 깨지고 사라지는 한이 있더라도 더 높은 곳을 향해 도전하고 싶었다. 어려서부터 느꼈지만 내 길은 안정적인 결과물에 있는 것이 아닌 불안정한 목표를 향해 도전하는 과정 자체에 내 즐거움이 있고 그것 자체도 인생이라는 생각이 들었기 때문이다. 나는 스스로 납득할 수 있는 사람이 되고 싶을 뿐이었고 스스로 납득하려면 이 길을 걸어야 한다고 생각했다.

그래서 나는 기존 시대가 요구하던 능력, 앞으로의 시대가 필요로 하지 않을 능력을 기르는 대신 앞으로의 시대에도 필요로 하는 능력을 기르고자 마음먹었다. 소수의 인간만이 할 수 있는 일, AI와 경쟁이 아닌 AI를 이용할 수 있는 사람이 되어야 한다는 생각에 이르렀다. 내가 진짜 해야 할 것은 정해진 것을 암기하고 문제를 푸는 것이 아닌, 변화를 읽고 새로운 질문을 던지고 해결해 나가는 다른 사람보다 앞서 나아가는 능력을 기르는 일이었다.

이 깨달음이 나로 하여금 공직을 떠나게 한 결정적 이유 중 하나가 되었다. 아니, 더 나아가 이직의 방향 자체를 완전히 틀어 버렸다. 이 깨달음 이전에는 이직을 하더라도 비슷한 곳, 예를 들면 똑같이 시험을 보는 전문직이나 아니면 큰 조직인 대기업을 생각했다. 큰 관점에서 근무 여건이나 직업 여건이 비슷한 곳 말이다. 하지만 결국 또 다시 시험공부를 하고 큰 조직에 들어가서 일을 하는 것보다 아예 새로운 길을 걸어야겠다는 생각이 들었다. 과거에 내가 하던 방식으로 똑같은 미래를 걷기는 싫었다. 내가 공부를 하고 커리어를 쌓았던 방식으로는 도태될 수밖에 없다는 두려움이 있었다. 나는 스스로에게 질문을 던졌다. '앞으로의 시대에 진정한 공부란 무엇일까?', '단순한 지식이 아니라, 변화하는 세상을 이해하고, 그 안에서 기회를 발견할 수 있는 능력을 어떻게 길러야 할까?' 이러한 질문 속에서 나는 확신했다. 내가 있어야 할 곳은 공직 안, 어떠한 시스템 안, 조직 안이 아니라, 힘들고 실패할 확률이 높더라도 변화가 일어나는 밖이라는 것을.

결국 나는 내가 걸어온 삶의 방향을 포기하기로 했다. 단순히 공무원이라는 안정적이고 단단한 기반을 뒤로하는 것뿐만 아니라, 한 발 더 나아가 변화의 최전선으로 나아가기로 결심한 것이다. 이는 단순히 커리어를 버리는 결단이 아니라, 내가 살아온 삶의 방식에 대한 포기였다. 그리고 진짜 공부를 향한 시작이었다. AI 시대가 다가오면서 이제는 단순 암기가 아닌 기획력, 창의성, 문제 해결 능력이 가장 중요한 시대가 되어 가고 있다. 변화를 따라가기보다 앞서 이끌어야 할 때, 내가 정말 배워야 할 것은 책 속의 지식이 아닌 세상의 흐름을 읽는 눈과 사람들을 이해하는 감각이라는 것을 깨달았기 때문에 내린 결정이었다.

물론 공직에서도 다른 전문직에서도 큰 기업에서도 시대의 변화를 따라가고 능력을 키울 수 있다. 하지만 나 같은 경우는 그 속에서 버티는 것만으로도 힘들었기에 그런 여유가 없었고, 그렇기에 무조건 밖으로 나와야 한다고 생각했다. 상대적으로 더 척박하고, 더 날것이고, 더 절박한 상황에 놓여 있는 것이 부족한 나에게 더 큰 성장의 기회가 올 것이라 믿었다. 견뎌 낼 자신도 어느 정도 있었다. 그리고 설령 견뎌 내지 못하고 무너진다 하더라도 그조차 받아들일 준비가 되었다. 어차피 이곳에 있어도 무너져 있을 텐데, 그리고 이미 무너져 봤는데 도전하다가 무너지는 게 낫지 않나. 이러한 생각들이 용기를 가져다주었다.

물론 그럼에도 불구하고 새로운 길을 향한 첫발을 내딛는 것은 두려웠다. 그러나 동시에 그 어느 때보다도 가슴 뛰는 일이었다. 공직에 남아 안주할 수 있었지만, 그 길은 내가 정말 원하는 것이 아니었다. 변화의 흐름을 가까이서 목격하고, 그 속에서 내가 할 수 있는 것을 찾아 나가는 일, 그것이 나에게는 진정한 '공부'라고 생각했다.

나에게 있어 시험공부와 공직 커리어는 사회에서 정해 놓은 '성취'로 향하는 길이었지만, 이제 내가 선택한 길은 스스로 정한 '성장'으로 향하는 길이다. 정해진 문제의 답을 찾는 대신, 스스로 질문을 만들고 그 답을 찾아가야 하는 진짜 공부를 하고 싶었다. AI와 함께 살아가야 하는 미래에, 기계는 지식을 소유하겠지만 사람은 지혜와 통찰로 그들을 다룰 수 있어야 한다. 이 도전이야말로 내가 그토록 고민하고 꿈꿔 온 새로운 공부이자, 나만의 선택이었다.

이 선택이 틀릴 수도 있고 앞에 놓인 것이 처절한 실패와 좌절의 길일 수도 있다. 이것을 깨달았다고 이 거대한 시대의 흐름에서 내가 앞서 나가고 있다고 생각하지도 않는다. 정해진 답이라기보다는 그냥 시대의 변화 속에서 누구나 하는 고민에 대한 하나의 답이라 생각한다. 고민의 방향이 다를 수도 같은 고민의 답이 다를 수도 있는데, 나의 경우는 이 시대에서 이러한 고민을 했고 이러한 답을 내렸다고 말해 주고 싶다. 그리고 나는 내가 내린 답의 길을, 스스로 납득한 길을 걷는 것이 내 인생이라고 믿고 있다.

나. 그중에서도 왜 스타트업인지?

시험공부의 한계를 느낀 건 알겠는데 왜 그렇다면 굳이 불안정한 스타트업인가? 일단 수많은 실패와 경험을 겪으면서 깨닫게 된 나의 성향에 대해서 설명을 드리고자 한다. 이러한 성향 때문에 이러한 직업을 원했고 그게 스타트업이라 생각을 했기 때문이다.

먼저, 나는 돈이 최우선은 아니었다. 돈은 내가 일하는 결과이지 일하는 목적이 아니라고 생각했다. 만약 돈이 최우선이었다면 애초에 공무원을 선택하지 않고 다른 길을 선택했을 것이다. 물론 돈이 중요하지 않다는 것은 아니지만 돈을 최우선으로 직업을 선택하는 사람은 아니라는 것이다. 다음으로 나는 생각을 멈출 수 없고 생각하지 않고 일하는 것이 불가능했다. 나는 생각하는 것을 좋아하고 끊임없이 한다. 어느 순간에도 멈추지 않는다. 이 점 때문에 결국 우울증에 걸려 힘들었지만 나는 생각하는 것이 나쁘다 생각하지 않았다. 만약, 생각하는 것이 중요한 일을 하게 된다면 누구보다 큰 장점이라 생각했다. 그리고 단순한 생각이 아니라 자유롭고 창의적인 아이디어를 내는 것을 좋아했다. 그리고 그것을 실제로 추진하는 것을 좋아했고 추진 과정을 시뮬레이션하고 문제가 발생했을 때 대응 방안을 마련하고 진행시켜 실현되었을 때 성취감을 느꼈다. 이렇게 나는 끊임없이 경험하는 것을 좋아했다. 한 가지가 아닌 다양한 경험을 쌓는 것이 내겐 행복이자 동기부여였다. 나는 내가 스스로 일을 만들어 내고 책임지는 것을 좋아했다. 누군가 시켜서 하는 것이 아닌 내가 직접 일을 만들어 내고 일을 시키고 결과에 대해서도 내가 책임을 지고 싶었다. 그리고 나는 일을 하고 싶었다. 일찍 퇴근하고 워라밸을 즐기면서 일과 생활을 분리할 수 없었다. 워라밸은 나에게 허상이었다. 워크 or 라이프였다. 그리고 거기서 나는 정말 내가 만족할 수 있는 일을 하면서 살고 싶었다. 그냥 내 일상을 위해 싫은 것을 참고 다닐 수 없었다. 인생의 반 이상의 시간을 보내야 하는 곳이 직장인데 나는 그렇게 영혼을 빼고 다닐 수 있는 성격이 아니었다. 일이 힘들어도 불안정해도 내가 무엇인가를 얻을 수 있는 일을 하고 싶었다.

이러한 성향이었기에 나는 큰 조직에 들어갈 수 없었다. 어떤 분야의 일을 하든 조직이 커지면 결국 정해진 일을 해야 한다. 나는 그것을 받아들일 수 있는 성향이 아니었다. 또한, 창의적이고 자유롭게 내 의견을 내는 것이 장점으로 작용하는 직업을 선택해야 했다. 결국 나는 내가 권한과 책임을 가지고 자유롭게 아이디어를 내면서 의사결정을 하는 정말 자신의 일을 해야 한다는 결론을 내렸다. 그리고 그것이 스타트업이었다. 스타트업도 규모가 있는 곳이 아닌 정말 초기의 내가 권한을 가지고 움직일 수 있는 아무 기반도 없는 곳이어야 했다.

객관적인 조건만 생각하면 정말 미친 짓이 따로 없다. 절대 망하지 않는 회사에서 언제 망해도 이상하지 않은 회사로 이직한다. 심지어 돈이 목적이 아니란다. 누가 봐도 이해할 수 없다. 하지만 나는 내 적성이 어떠

5급 사무관을 때려치우다

한지 정확하게 몸으로 깨달았다. 나는 아이디어를 낼 때 행복하고, 그것을 실제로 구체화할 때 열정이 생기며, 그것이 구현될 때 웃음이 나왔다.

이렇게 판단하고 최종검증을 위해 스타트업에 대한 공부와 체험을 시작했다. 다양한 스타트업 관련 서적을 읽는 것을 시작으로 지금 다니고 있는 회사 대표를 소개받고 사업에 대한 다양한 이야기를 듣고 나도 아이디어를 주면서 교류를 시작했다. 관련해서 스타트업 투자 모임에 참여하고 다양한 네트워킹 행사에도 참여하면서 실제 생활을 경험해 보았다.

이러한 과정 중에 이직을 확신하게 한 계기가 생겼다. 현재 다니는 스타트업이 오프라인 행사를 진행하는 데 기획을 도와주었다. 그리고 실제 주말에 참여하는 행사에 진행요원으로서도 참여했다. 그리고 눈앞에서 내가 기획하고 준비한 행사가 구현되는 것을 보고 말로 설명할 수 없는 감동을 느꼈다. 보수를 받은 것도 아니고 엄청난 행사도 아니었고 또 그렇게 깔끔하게 진행된 것도 아니지만 그냥 그 자체가 내게는 너무 울림이 있었다. 공무원 시절에도 행사를 진행해 보았지만 내가 기획한 것도 아니고 행사 내용에 아무 관심도 없었기에 규모가 더 크고 참여인원이 더 화려해도 아무 느낌이 없었다. 하지만 조그마한 행사지만 내 아이디어가 실천되는 것에서 감동을 느끼고 나는 그날 결심했다. 내가 장기적으로 행복하려면 이러한 일을 해야 한다고 말이다.

다. 아예 새로운 일을 하게 된 이유

이직을 고민할 때마다 내 머릿속을 짓눌렀던 의문이 하나 있었다. "내가 이 일을 그만두고 아예 새로운 다른 일을 할 수 있을까?" 이 의문은 나만의 것이 아니라, 비슷한 길을 걸어온 사람들에게 공통적으로 다가오는 두려움이기도 했다. 특히나 나처럼 공무원이라는 안정적인 길을 선택한 사람들에게는 더욱 큰 공포일 것이다.

공무원 생활을 시작할 때부터 나와 동기들은 어느 정도 비슷한 고민을 공유하고 있었다. 대학에서 전공한 학문이 내게 완전히 맞지 않았던 사람들, 특정 기술을 통해 깊이 파고들기보다는 안정된 길을 택하고 싶었던 사람들, 전문성보다는 두루두루 다양한 일을 하는 직업을 선택하고 싶었던 사람들. 이런 사람들이 공무원을 선택하는 경우가 많았다. 사실 공무원이라는 직업은 특정 분야에 깊이 들어가서 전문성을 쌓기보다는, 여러 부서에서 다양한 업무를 경험하면서 넓은 관점을 가지게 되는 경우가 많다. 이런 환경 속에서 나와 비슷한 배경을 가진 이들에게는 '내가 정말로 다른 일을 할 수 있을까?'라는 고민은 어쩌면 당연한 것이었다.

나는 공무원으로 일하면서 나 자신에게 한 가지 확신을 갖지 못했다. 나는 어떤 분야에서든 전문가라고 말할 수 없었고, 어떤 기술에 있어서도 완벽하지 않았다. 특별히 자격증을 가지고 있거나, 기술적으로 뛰어나다고 자부할 만한 부분이 없었다. 더군다나 공무원으로서 쌓아 온 경험이 꼭 내가 나중에 다른 직업을 선택하는 데에 도움이 될 거라는 확신도 들지 않았다.

내가 가지고 있는 것은 공무원으로 일한 몇 년의 경력뿐이었다. 이 경력만으로 과연 다른 직업에서도 인정받을 수 있을까? 다른 직장에서는 내가 이전에 쌓아 왔던 것들을 어떻게 바라볼까? 단지 공무원 경력이라는 이유로 나의 능력을 낮게 평가하지는 않을까? 이런 생각들이 머릿속을 지배했고, 이는 나로 하여금 쉽게 이직을 결심하지 못하게 만드는 큰 걸림돌이었다.

그러나 이직을 생각하며 내가 겪어 본 다양한 경험과 그로부터 얻은 깨달음은 나의 두려움을 조금씩 덜어 주었다. 나는 여러 분야에서 다양한 사람들과 일을 하면서 조금씩 알아차렸다. 세상에서 완벽하게 돌아가는 일은 거의 없다는 것을, 그리고 그 속에서 중요한 것은 완벽한 준비보다는 오히려 부딪히며 배우고 적응하는 과정이라는 것을 말이다.

처음에는 내게 익숙하지 않은 일을 맡으며 큰 불안감을 느끼기도 했지만, 어느 순간부터 알게 되었다. 세상은 내가 생각하는 것만큼 완벽함을 요구하지 않으며, 사실 완벽히 준비된 인재를 기대하는 것도 아니다. 오히려 일을 하면서 부족한 부분을 채워 나가고, 그 과정에서 성실하게 배우고 성장하는 사람을 필요로 한다는 사실을 깨달았다. 이것이 내가 이직을 결심하게 된 중요한 계기 중 하나였다.

세상은 나를 불안하게 만들었지만, 또 한편으로는 가능성도 열어 주었다. 내가 가진 것은 '완벽한 준비'가 아니라 '발전 가능성'이었다. 이를 깨달으니 비로소 나는 발걸음을 내딛기 시작할 용기를 얻게 되었다.

내가 전문성을 가지고 있지 않다는 사실, 기술적으로 완벽하지 않다는 두려움은 결국 '완벽주의'라는 생각에서 기인한 것이었다. 나는 내가 완벽히 준비된 상태에서 일을 시작해야만 성공할 수 있다고 믿었다. 그러나 실제로 내가 경험한 바에 따르면, 일을 하면서 필요한 부분들을 조금씩 배워 나가고 스스로 발전해 나가는 것이 더 중요한 일이다.

이 사실을 깨닫고 나니, 이직에 대한 결심이 한결 가벼워졌다. 이전까지는 내가 모든 것을 갖추어야 이직할 자격이 있다고 생각했지만, 이제는 부족함을 인정하고 그 상태에서 한 걸음씩 나아가는 것에 대한 두려움이 점차 사라졌다. 이 역시 내가 이직을 결심하게 된 큰 계기 중 하나였다.

실제로 새로운 직장에서 일을 하다 보면 부족함을 느끼는 순간들이 많았다. 그럴 때마다 스스로에게 주어야 하는 건 자책이 아닌 격려였다. 완벽하지 않다고 해서 그 일을 할 수 없는 것이 아니었고, 앞으로 조금씩 배우며 나아갈 수 있는 가능성만 있다면 계속 도전할 수 있었다. 완벽하지 않더라도 매일 노력하고 성장하려는 사람에게는 길이 열린다는 진리를 다시금 깨닫게 되었다.

라. 나는 문제가 없었다는 확신

심각한 우울증과 직장 부적응의 고통 속에서, 나는 스스로를 끊임없이 책망하고 원망했다. 늘 나에게 주어진 조언은 '생각을 좀 줄여라' 혹은 '머리를 꺼라'는 말뿐이었다. "월급 받고 취미 즐기며 그냥 살아가면 되는 것 아니냐"는 말들이었다. 하지만 나에겐 그게 가능하지 않았다. 생각을 멈추는 건 내게 오히려 더 큰 고통이었다. 내 머릿속은 매일 지치지도 않고 돌아가는 기계처럼 멈출 줄 몰랐다. 생각이 많아질수록 더 깊이 빠져들었고, 나 자신이 나를 끝없는 생각의 구렁텅이로 밀어 넣는 존재로 느껴졌다. 도무지 제어할 수 없는 나의 사고가 원망스러웠고, 마치 나는 스스로를 망가뜨리는 프로그램처럼 여겨졌다.

그러던 어느 날, 나는 그동안 깊이 외면해 왔던 나 자신을 바라볼 기회를 맞이하게 되었다. 너무나 힘들어서 머리를 정리하고자 오른 산에서 나는 명료한 깨달음을 얻었다. 당시 나는 스스로를 조금씩 이해하려는 과정 속에서 사주 공부를 하며 내 내면의 깊이를 탐색하고 있었다. 내 사주는 큰 겨울바다와 같은 물이라고 한다. 차갑고 깊으며 멈추지 않고 끊임없이 흘러가는 성질을 지닌 물, 그것이 내 기질의 본질이라는 것을 알게 되었다. 그래서 그 물을 어떻게든 억누르기 위해 힘든 때마다 등산을 다녔던 것도, 일종의 통제 방안이었던 셈이다.

등산 중 문득, '물은 물이다. 그러니 흘러야 한다'는 단순한 진리가 내 머릿속에 떠올랐다. 평범하게 들리지만, 내게는 그 순간이 너무도 강렬했다. 나는 물의 기질을 지녔고, 그 흐름을 억지로 막으려고 했던 것이 오히려 나를 괴롭혔다는 사실을 깨달았다. 내 생각이 멈추지 못하는 것은 마치 물이 계속 흐르려 하는 것과 같았다. 물은 가둬 두면 썩어 버린다. 나의 생각도 가둬 두면 뇌가 썩어 버린다. 내 생각도 물처럼 끊임없이 흘러야 했다. 억지로 막으려 하거나 틀 속에 가두려고 할 때, 내 안의 물은 점점 고이고 썩어 갔다. 내가 스스로를 억누르는 것이 아니라, 내 본질을 무시하고 그 흐름을 멈추려 했던 것이 내 고통의 원인이었다.

그러면 문제는 물이라는 나 자신에게 있는 것일까? 아니면 나를 가두려는 그릇 때문일까? 결론적으로 둘 다 문제가 아니었다. 그냥 저 둘의 성질이 충돌했을 뿐이었다. 그렇다. 나는 죄가 없었다. 나에게 필요한 것은 생각을 멈추는 것이 아니었다. 나를 바꾸는 것이 아니었다. 내게 맞는 흐를 수 있는 환경이었다. 물처럼 자연스럽게 흐를 수 있는 환경 속에서 나는 내 본래의 모습을 드러내고 행복할 수 있다는 것을 깨달았다.

이 깨달음은 내게 한결 마음의 여유를 가져다주었다. 내가 무언가를 잘못한 것이 아니라, 단지 나를 있는 그대로 받아들이지 않았기 때문에 생긴 괴로움이었다는 점에서 오랜 시간 짓눌려 구겨져 있던 마음이 조금씩 살아났다. 이 깨달음을 통해 나는 내 본질을 인정하고 흘러가기로 결심했다. 하지만 여기서 끝나지 않고 또 다른 깨달음이 뒤따라왔다.

　나의 인생에서 또 하나의 중요한 깨달음은 고등학교 시절 컴퓨터과학 선생님이 해 주신 말에서 비롯되었다. "쓰레기를 넣으면 쓰레기가 나온다." 선생님은 컴퓨터 프로그램 자체는 잘못이 없다고 했다. 다만 잘못된 데이터를 입력하면 잘못된 결과가 나올 뿐이라는 말씀이었다. 당시에는 간단한 원리로 여겨졌지만, 지금 내 상황과 연결해 보니 내 생각과 행동의 패턴이 바로 이와 같았다.

　내가 어쩌면 인공지능과 같은 프로그램이 아닌가 하는 생각이 들었다. 모든 데이터를 받아들이고 그것을 통해 판단을 내리고 행동을 결정하는데, 문제는 잘못된 데이터가 내게 입력되고 있었던 것이다. 부정적인 감정과 환경이 쏟아져 들어오면서 그로 인해 내 출력 값, 즉 나의 행동과 감정, 심리 상태가 모두 불안하고 괴로운 상태로 나타났던 것이었다.

　그러면 내가 잘못된 프로그램인 것일까? 아니다. 잘못된 프로그램이 아니라, 그저 부적절한 데이터를 받아들이고 그것에 의해 작동하고 있었던 것이다. 그러면 해결책은 분명했다. 내가 받아들이는 데이터를 바꾸면 되는 것이다. 내게 긍정적이고 나에게 맞는 데이터를 받아들이고 학습하기 시작하면 내 프로그램은 훨씬 더 유용하고 건강하게 작동할 수 있다는 믿음이 생겼다. 나는 내 뇌의 알고리즘이 잘못된 것이 아니라, 단지 입력된 정보가 나를 둘러싼 환경이 문제였음을 깨달았다.

　내가 발전할 수 있는 길은 명확해졌다. 이제 나는 부정적인 데이터를 걸러 내고, 나를 성장시킬 수 있는 긍정적인 정보와 환경을 선택할 필요가 있었다. 마치 AI가 올바른 빅데이터를 기반으로 학습하여 점점 더 정교해지고 효율적으로 작동하듯이, 나도 좋은 데이터를 받아들이고 올바른 판단을 내릴 수 있는 방향으로 성장할 수 있다는 자신감이 생겼다.

이후 나는 조금씩 스스로를 가꾸어 나가기 시작했다. 부정적인 말과 상황에서 벗어나, 긍정적인 에너지를 주는 사람들과 시간을 보내고, 나에게 의미 있는 경험을 찾는 것에 주력했다. 새로운 환경에서 다양한 경험을 쌓으며, 나의 프로그램은 점점 더 나은 출력 값을 내기 시작했다. 더 나은 행동과 감정을 가져다주었고, 내 삶의 방향성을 더욱 명확하게 만들었다. 나는 더 이상 부정적인 데이터를 받아들이지 않기 위해 환경과 사람을 의도적으로 선택하였다. 이 과정은 쉽지 않았지만, 나를 발전시키기 위해서는 반드시 필요한 과정이었다.

이제 나는 생각을 멈추라는 말을 무시하기로 했다. 나의 본질이 물이라면, 나는 흘러야 한다. 생각이 많은 것도, 고민이 끊이지 않는 것도 내 본연의 흐름이자 나의 자연스러운 상태라는 점을 받아들이기로 한 것이다. 단, 그 흐름이 나를 괴롭히지 않게 하려고 내게 들어오는 데이터와 주변 환경을 열심히 관리하기로 마음먹었다.

이제는 생각이 많다고 해서 나 자신을 원망하지 않는다. 오히려 그 생각을 더 잘 흘려보내며 나아가기로 했다. 생각이 많은 덕분에 나에게 주어지는 경험과 지식을 더 깊게 분석하고, 그것을 통해 더 나은 방향으로 나아갈 수 있는 힘을 갖게 되었다. 내가 가진 생각의 흐름은 곧 나의 가장 큰 강점이자, 나를 이해하는 중요한 도구가 되었다.

나라는 프로그램이 어떻게 작동하는지 이해하게 된 뒤, 나는 확실한 결심을 할 수 있었다. 이제는 더 이상 나를 억누르며 살지 않기로 했다. 이직이라는 결정은 나라는 물이 흘러가는 당연한 모습이었다. 내가 가진 본질을 이해하고, 그것을 억누르기보다 흘러가도록 내버려두기 위해서는 지금의 환경을 바꾸는 것이 가장 중요한 단계였다.

이제 나는 흐름을 두려워하지 않는다. 내가 더 이상 고여 썩어 가는 물이 아닌, 끊임없이 움직이는 물처럼 살 수 있다는 확신을 얻었다. 내가 가진 생각의 흐름을 나의 가장 큰 자산으로 여기고, 그것을 통해 더 나은 나로 나아갈 것이다. 앞으로 나에게 주어질 데이터들이 무엇이든, 나는 그것을 받아들이고 분석하며 나아갈 준비가 되어 있다.

나를 괴롭히던 우울과 자기혐오에서 벗어나, 이제는 내가 프로그램처럼 발전할 수 있다는 가능성을 발견했다. 이 가능성은 내 삶을 지탱하는 중요한 희망이 되었고, 더 나은 미래를 꿈꾸게 했다. 나는 나의 생각이 멈추지 않는 인공지능과 같다는 사실을 받아들였다. 그리고 나의 특징이 나에게 고통이 아니라 성장을 가져다주는 소중한 존재라는 것을 깨달았다.

이 깨달음은 나에게 평생의 방향을 제시했다. 나는 흘러야 하는 사람이고, 내 생각이 흘러가는 만큼 나는 계속해서 발전할 것이다.

이직 이후
현재까지의 삶

이제 이직 이후 현재까지의 이야기를 해 보고자 한다. 누가 봐도 미친 선택을 한 자의 현재는 어떠한지 말이다. 일은 생각대로 만족스러운지, 과거와 비교해서 정말 적성에 맞고 행복한지, 예상치 못한 점은 없는지 그리고 과거의 공무원 생활은 지금은 어떤 의미로 남아 있는지 말이다. 먼저 실제 이직 대우와 조건들에 대해서 면밀한 비교의 이야기를 하고 가볍게 다시 한 번 파트별로 이야기를 해 보겠다.

가. 실제 이직 대우와 조건의 비교

이직을 결정한 후, 많은 사람들은 가장 먼저 내게 물었다. "연봉이 더 높아졌나요?", "이직한 회사에서 어떤 대우를 해 주길래 안정적인 공무원을 그만둔 건가요?" 사실, 사람들은 내 결정이 '더 나은 조건'을 좇아 이뤄진 것이라고 생각하는 것 같았다. 안정된 직장에서 벗어나려면 뭔가 그만한 유혹이 있어야 한다는 시각이 일반적이었으니까. 하지만 실제로 내가 새로이 맞이한 조건과 대우는 이전 공직 생활과 크게 다르지 않았다. 오히려 스타트업이라는 환경은 물리적인 안정성이나 경제적인 보장 면에서는 훨씬 부족한 부분이 많다. 그럼에도 나는 이 선택을 후회하지 않는다.

스타트업으로 이직한 후, 연봉은 크게 변동이 없었다. 초기 스타트업의 특성상 연봉이 급격히 오를 가능성도 낮았고, 고정적인 보너스나 다양한 수당 또한 기대할 수 없었다. 만약 내가 처음부터 높은 연봉을 기대했다면, 애초에 공무원이라는 커리어를 선택하지 않았을 것이다. 막말로 로스쿨을 가거나 의전 준비를 하거나 대기업을 가거나 했을 것이다. 공무원의 길을 걸었던 이유도 단순히 금전적 보상을 위한 것이 아니었기에, 이번 이직 역시 '돈'이라는 요소는 내 결정에 크게 영향을 미치지 않았다. 나는 더욱 내가 원하는 일, 나의 적성과 꿈을 실현할 수 있는 곳을 찾아 나왔을 뿐이었다.

그렇다고 내가 돈이 필요 없다 생각하고 꿈만 쫓는 사람이라는 것은 아니다. 돈은 그냥 결과일 뿐이라고 생각한다. 내가 일을 최선을 다해서 잘해 냈을 때, 운과 사회적 조건이 받쳐 주면 자연스레 따라오는 결과라고 생각한다. 돈을 정말로 벌기 위해서는 오히려 내가 잘할 수 있고 최선을 다할 수 있는 적성과 꿈을 찾는 것이 더 중요하다고 생각한 것이다. 그것을 찾고 그 자리에서 최선을 다하고 내가 잘해 낸다면 돈은 자연스럽게 정해진 결과로 따라올 것으로 생각했다.

스타트업에서는 공무원에서 누리던 혜택과는 상당히 다른 환경이 펼쳐졌다. 공직에서는 직급에 따른 수당이 명확히 책정되어 있었고, 연차에 따라 자동으로 올라가는 연봉 체계와 함께 어느 정도의 생활 안정을 보장받았다. 그러나 지금의 회사는 정해진 연봉 이상의 혜택이 거의 없다. 연차를 쌓아 자동적으로 연봉이 오르는 체계도 아니며, 성과를 내지

5급 사무관을 때려치우다

못하면 언제든지 급여 협상에서 불리한 위치에 처할 수도 있다. 간단히 말해, 이제 나의 보상은 내가 내놓는 성과와 직결되어 있다.

한편, 안정성이라는 측면에서 보자면, 공직의 '철밥통' 구조는 스타트업과는 완전히 대조적이다. 공직에서의 해고나 이직은 거의 없는 일이었다. 잘리지 않을 직장, 망하지 않는 기관이 공무원이 누리는 최고의 혜택 중 하나였다고 할 수 있다. 그러나 내가 이직한 스타트업에서는 언제든지 시장 상황이나 투자 실패로 인해 불안정한 상태에 놓일 수 있다. 회사가 언제든지 어려워질 수 있으며, 경제 상황이 좋지 않으면 자금 확보조차 어려운 환경에 처할 수 있다. 애초에 초기 스타트업이란 것은 언제 망해도 이상하지 않은 것이다. 즉 나는 언제나 백수가 될 수 있다. 실제로 이러한 점 때문에 애인과 헤어진 경험도 있다.

이렇게 타인이 인정해 주지 않고 직업은 불안정하지만, 내 마음은 오히려 안정감으로 가득한 상태다. 내 적성과 내가 누군지 똑바로 알게 되어서 내가 나아가야 할 길에 대한 의심과 걱정이 사라졌기 때문이다. 나는 능력이 있고 열정도 있는 사람이다. 그리고 내가 무엇을 좋아하고 잘하는지도 잘 안다. 그렇기에 나는 현재의 직업이 불안정해도 내 인생은 불안정하지 않다 생각한다. 회사가 망해도 나는 망하지 않는다. 그리고 회사를 망하게 둘 생각도 없다. 나는 나의 직업이 아닌 나를 믿는다. 불안정성은 오히려 나에게 새로운 책임감과 동기 부여가 되었다. 보장된 자리를 누리는 대신, 이제는 나의 성과가 곧 나의 안정성을 좌우하게 된 것이다. 그렇기에 과거에 비해 명백하게 악조건인 직업을 갖게 되었음에도 만족도는 최상이고 너무 행복하다.

공무원 시절에는 실직자가 될 걱정을 할 이유가 없었다. 그리고 내가 내년에 무엇을 하고 있을지 걱정할 일도 없었다. 해 봤자 승진이 될까, 부서가 옮겨질까 정도다. 하지만 이직하고 나서는 입버릇처럼 말하는 게 있다. "내년에도 일단 백수가 아니라면 갈게." 친구들한테 하는 말이다. 농담이나 과장이 아니고 정말 내년을 장담할 수 없다. 하루하루 한 달, 1년을 버텨 내는 것 자체가 일이고 업무다. 살아남는다는 것이 가장 큰 화두가 되었다. 이전에는 물리적 생존이 보장되는 상태에서의 정신적 고통이었다면, 지금은 그냥 생존 자체가 문제다. 그리고 생존을 하기 위해서는 단순히 열심히 하고 움직이는 것만으로는 되지 않는다. 정말 '잘'해야 한다. 어떻게든 결과를 내야 한다. 정말 인생의 모든 조건이 완전히 반대로 바뀐 것이다. 지금 이 책을 쓰고 있는 시점이 약 1년쯤 된 시점인데, 1년을 어떻게든 살아남았다는 점을 스스로 칭찬하고 넘어가고 싶다.

그리고 업무적인 것에서도 큰 변화가 있다. 나는 이 직장에 들어와 처음으로 느꼈다. 내 직무 하나하나가 회사의 성장에 큰 영향을 미친다는 사실을. 공무원 시절에는 전체 조직에서 나라는 개인이 미치는 영향은 아주 미미했다. 나의 일에 대한 피드백이 느리게 돌아왔고, 노력과 성과 사이의 관계도 희미하게 느껴지기 일쑤였다. 반면, 스타트업에서는 일의 과정과 성과가 즉각적으로 연결된다. 나의 기획이 성공적으로 자리 잡을 때마다, 나는 내 일에 대한 만족감을 생생히 느낄 수 있었다. 그리고 그 만족감이 곧 나의 보상이 되었다. 반대로 실패했을 때의 책임 역시 생생히 느낄 수 있었다. 솔직히 공직에서 실수를 하고 질책을 들어도 별 타격이 없었다. 기분은 나쁘긴 해도 대세에 지장은 없었기 때문이다. 하지만 여기서는 내가 판단을 잘못하고, 꼼꼼하지 못함에서 오는 결과는 너무 치명적으로 다가왔고, 실제 내 생존과 직결되었다. 압박감과 책임감이 비교할 수 없을 정도로 달랐다. 이건 정말로 내 생존이 걸려 있는 업무라는 것이 매일매일 느껴졌다.

이러한 조건들 속에서, 변화 속에서 나는 스스로에게 물어보았다. "그렇게 불안정하고 책임이 크고 생존이 부담이 된다면 왜 여기에 있는가?" 그리고 그 답은 분명했다. 나에게 중요한 것은 안정된 보수가 아니라 보장된 생존이 아니라 나의 가능성을 펼치고, 스스로 생존해 나가고, 책임이 커도 부담이 커도 내가 책임지고 성과를 낼 수 있는, 내가 의미를 부여할 수 있는 일을 하는 것이었다. 연봉이 크게 오르지 않아도, 안정적인 보장이 없어도, 내가 원하는 일에 시간을 쏟아붓는 지금이 훨씬 가치 있다는 결론에 도달했다.

내 이직 결정이 경제적인 이유가 아니라는 것을 깨달았을 때, 한편으로는 조금 안도감이 들었다. 만약 내 선택이 금전적인 문제에 치우쳤다면, 지금의 불안정함은 내게 큰 스트레스로 다가왔을지도 모른다. 그러나 돈보다 나의 가능성을 믿고 선택한 이 길은, 오히려 나에게 더 큰 열정을 심어 주었다. 모든 대우와 조건을 제쳐 두고, 내가 하고 싶은 일을 하고 있고 내 삶을 주도적으로 살아가고 있다는 사실이야말로 지금 내가 누리고 있는 가장 큰 혜택이 아닐까 싶다.

나. 일의 만족도

지금 일의 만족도는 최상이다. 여기서 최상이라는 것이 내가 일을 하면서 예능 보듯이 낄낄대면서 웃으면서 항상 불만 없이 행복하게 한다는 의미가 아니다. 퇴근을 하고도 주말에도 계속 일 생각하면서 일을 하고,

또 그것이 견딜 만하고 지속하고 싶다는 생각이 든다는 의미다. 사람인 이상 일을 하면서 노는 것처럼 행복을 느낄 수는 없다고 생각한다. 그리고 짜증이 안 날 수도 없다고 생각한다. 피로가 쌓일 수도, 일이 잘 안 풀려서 힘들 수도 있다. 하지만 그 어떤 부정적 상황이, 부정적 감정이 나를 덮쳐 와도 그 한순간뿐이다. 짜증이 나도 나는 또 일에 대해 고민하고 있고 일을 하고 있다. 피곤하면 자고 일어나서 다시 한다. 일이 재밌다. 앞으로도 계속 이러한 일을 하고 싶고 이쪽에서 더 인정받고 전문성을 쌓고 싶고 이러한 일을 통해서 돈을 벌고 내 가정을 꾸리고 싶다.

좀 더 자세히 하는 일들의 예시를 들면서 설명을 드리겠다. 아주 작은 회사이기 때문에 사실 거의 모든 일에 다 관여한다. 전체 사업모델을 구상하고 회사소개서를 작성하고 각종 지원사업에 제출할 제안서를 작성하는 등의 기획과 문서 작업을 가장 기본업무로 한다. 그러나 그 이외에도 영업, 네트워킹, 타 기업과의 협업 제안, 음원 유통, 콘텐츠 기획 등 모든 업무에 관여를 한다. 그러면서 업무의 방향을 잡고 지시도 해야 한다. 정신이 하나도 없고 내가 뭘 하고 있나 현타가 올 때도 있다. 하지만 그럴수록 더 배우고 싶고 내가 더 잘해서 이겨 내고 싶다는 긍정적인 동기부여로 마무리된다. 힘들어서 포기하거나 후회하거나 과거로 돌아가고 싶다는 생각은 해 본 적이 없다.

사실 이렇게 지나고 보니 일의 만족도라는 것은 결국 '일을 할 때 삶을 살고 있다는 느낌이 드냐'와 비슷하다 생각한다. 생전 처음 접해 보는 일을 하고, 처음 보는 사람들과 다양한 네트워킹 활동을 하고, 내 역량을 강화하고, 새로운 배움을 얻고 이 모든 것이 내가 살아 있다는 느낌을 강하게 준다. 이전에 경험해 보지 못한 경험을 내 머리라는 프로그램에 도움이 되는 새로운 양질의 데이터를 계속해서 공급해 주는 상황이기 때문이다. 그리고 나라는 물이 흐르기 좋은 자유로운 환경이다. 나는 지금 일에 만족하지 않을 수가 없다. 왜냐 이 자유로운 환경에서는 내가 만족할 수 있을 만큼 원 없이 선택해서 할 수 있다. 때로는 원하지 않는 고착화된 일을 하더라도 이미 충분한 에너지를 얻은 상태라서 그런 것은 내게 부정적 에너지를 줄 수 없다. 이정도면 현재 일에 대한 내 만족도가 최상이라는 것에 대해 설명이 되었으리라 본다.

다. 사회적 인정의 차이

일의 만족도에 대해서는 비교가 끝났으니 다른 조건에 대한 내 느낌을 이야기해 보겠다. 먼저 사회적 인정이다. 당연히 5급 공무원인 사무관이 사회적 대우가 더 좋다. 이것은 부인할 수도 없고 부인할 생각도 없다. 실제로 과거 사무관 때는 어딜 가든 꿀릴 일이 없었다. 나 자신을 소개하기도 편했고, 억지로 막 네트워킹을 할 필요도 없었다. 사람들이 먼저 다가왔다. 그만큼 명함이 갖는 파워와 무게가 대단했다. 하지만 나는 그런 것을 즐기는 사람이 아니기에 그 자체에서 엄청난 만족감을 느끼고 직업을 사랑할 이유까지는 얻지는 못했다. 그래도 당연히 사람들의 인정을 받고 무시당하지 않아서 다행이고 별 노력을 안 해도 되어서 좋았다. 하지만 마음속으로는 이 모든 효과는 황온후가 해낸 것이 아닌 그냥 '황 사무관'이라는 글자가 적힌 명함이 한 일이 아닌가 하는 생각이 들었다. 이직 후에는 이러한 명함의 그늘에서 벗어나게 되었다. 나를 열심히 소개해야 했고 먼저 다가가서 누구보다 열정적으로 네트워킹을 해야 했다. 그런데 나는 그 행동이 더 재미있었다. 내가 능동적으로 명함이 아닌 나라는 사람으로서 다른 사람들과의 관계를 쌓아 가고 내 영역을 넓혀 나가는 것이 재밌었다. 직위로 사회적 인정을 얻지는 못했지만 그것을 나라는 사람의 노력과 매력으로 커버할 수 있을 것 같다는 생각이 들었다. 물론 이렇게 내가 열심히 움직여서 커버해야 될 만큼 사회적 지위와 인정의 차이는 크다.

하지만 나는 사회적 인정이, 대우가 더 중요한 사람이 아니다. 만약 그런 사람이었다면 그것을 통해 만족을 얻고 직장을 행복하게 다녔을 것이다. 하지만 나는 오히려 그러한 사회적 직위라는 명함의 무게에 짓눌렸다. 그러한 직위가 나보다 중요하게 여겨지고 내 삶을 짓누르는 것이 싫었다. 내 삶의 주인공은 나여야만 한다는 어린아이 같은 생각을 가지고 있다. 사무관 명함이라는 그 작은 종이가 가지고 있는 수많은 의미. 그 명함에 적혀진 '황 사무관'이 '황온후'를 밀어내고 병들게 하는 그런 현실. 그런 현실에서 벗어나고자 나는 명함을 내려놓았다. 사회적 인정을 내려놓았다. 나는 사회적 인정이 아닌 내 개인적인 꿈과 자기만족이 더 중요한 사람이다. 물론 나도 인정받는 것이 좋다. 다만 내가 원하는 방향으로 노력해서 얻은 인정이어야만 좋다. 그리고 단순히 사회적 인정과 지위만 좇다가 더 중요한 걸 놓칠 수는 없다. 실제로 내가 명예나 사회적 지위에 또 아예 관심이 없었다면 이러한 고통을 받지도 이직을 고민하지도 않았을 것이다. 명함이 나를 대체하고 누르는 것이 싫었으면서도 명함이 가진 가치는 느꼈기에 나는 힘들어했던 것이다. 그래서 내려놓을 때도 고민한 것이고 말이다. 싫다 해도 아까우니까 말이다. 그래도 어쩔 수 없었다. 내게는 더 소중한 것이 있었으니까 말이다. 그래서 나는 미련과 함께 명함을 내려놓고 내 꿈과 함께 앞으로 걸어가는 것을 선택했다.

5급 사무관을 때려치우다

매우 낭만적으로 적었지만 결국에는 지금의 나는 과거보다 사회적 인정을 받지 못하는 현실이다. 하지만 내 반골기질 때문인지, 오기 때문인지 나는 지금이 더 좋다. 앞으로 노력해서 의심의 눈길을 내가 다 인정의 눈빛으로 바꿔 내면 되는 것이 아닌가 하는 생각도 있다. 그때의 성취감과 기쁨이 얼마나 클지 상상도 안 된다.

라. 공무원은 내게 어떤 의미였는지

만약 과거 고통을 겪고 있는, 아직 정리가 되지 않는 나에게 누군가 이것을 물어봤다면 쌍욕이 3박 4일 이어졌을 것이다. 그때는 그만큼 힘들었고 증오했다. 하지만 지금은 증오하지 않는다. 그렇다고 좋아하지도 않는다. 완벽하게 이해했다고 생각하지도 않는다. 그래도 안다. 공무원도 공직도 큰 방향에 있어서 잘못된 것은 없고, 나도 잘못된 것은 없었다. 그렇기에 나는 지금 과거의 공무원 생활을 이렇게 생각한다. 내게 꼭 필요했던 큰 가르침이고 평생 절대 잊어서는 안 될 소중한 교훈이라고 말이다.

먼저 공무원은 내가 타인을 이해할 수 있게 해 준 소중한 창구라고 생각한다. 어려서부터 일반적인 성격은 아니었고, 부모님의 자유로운 교육 환경은 나를 더욱더 자유로운 학생으로 자라게 했고, 고등학교에서 비슷한 아이들끼리 모여 있는 환경은 나의 특이함을 계속 강화하기만 했다. 그래서 나는 머리로도 가슴으로도 나와 다른 사람을 이해하고 받아들이는 법을 몰랐다. 그냥 신경을 안 써서 충돌하지 않았을 뿐이었다. 다른 사람과 잘 어울리고 지내는 것은 내가 무신경했기 때문이지, 진심으로 그들의 생각이나 감정을 받아들이고 이해해서가 아니었다. 하지만 공무원을 통해서 실제 세상을 배우고 수많은 사람들을 접하고 충돌하고 찢기면서 자연스레 내 마음에 구멍이 생겼다. 그리고 그 구멍을 통해 타인의 감정과 생각이 들어오기 시작했던 것 같다. 혼자만의 생각과 감정으로 가득 찬 분리된 공간이 아닌, 타인과의 교류가 가능한 열린 공간으로 바뀌었다 생각한다. '그냥 사회생활하면서 다 겪는 그런 고통과 성장 가지고 이 정도까지 비유해야 하나?'라는 생각도 있을 텐데, 그냥 내가 느끼기에는 그랬다. 공무원 이전의 나의 생각과 지금의 나의 생각과 감정은 너무나도 다르다. 그리고 그 이유는 명확하게도 찢긴 내 마음이라 생각한다. 찢기고 구멍 난다는 게 꼭 나쁜 면만 있는 것은 아니라고 생각한다.

다음으로 공무원은 내게 코로나 같은 존재다. 우연찮게도 내가 정식으로 부처에 입직한 시기가 20년 1월이었다. 그리고 23년 12월에 나왔다. 시기조차 코로나와 겹친다. 시기뿐만이 아니다. 나를 병들게 했고, 나에게 후유증을 남겼고, 또 나에게 면역력 또한 남겼다. 그리고 인생에 있어서 다시는 맞이하고 싶지 않은 시기인 것도 동일하다. 모두가 공감할 것이다. 전염병의 공포에 떨면서 매일같이 마스크를 끼고 불편한 일상을 살아가던 그때의 감정을 말이다. 내게는 공무원이 딱 그렇다. 공포와 불안에 떨면서 매일같이 어떻게든 일상을 살아갔던 때다. 다시는 맞이하고 싶지 않다.

물론 내가 공직을 다니지 않았더라면 나는 아직도 우물 안 개구리였을 것이다. 물론 지금도 개구리고 더 발전하고 성장해야겠지만 적어도 우물 안이었다는 것은 깨달았다. 그만큼 내게는 큰 충격의 가르침을 준 시간이었다. 이렇게 이야기하는 게 자기합리화처럼 여겨질 수도 있을 것이다. 어떻게 보면 맞을지도 모른다. 나에게 가르침을 준 존재이긴 하지만 여전히 내게는 좋아할 수는 없는 존재인 것도 맞기 때문이다. 내게 잊을 수 없는 고통을 선사하고 슬픔과 절망을 알려 준 존재이기 때문이다. 내 맘을 다 찢어 버리고 구멍 낸 존재인데 어떻게 좋아할 수 있겠는가. 여전히 나는 공무원을 좋아하지 않는다. 이야기를 들으면 답답하고 생각하면 머리가 아프다. 이 문제를 해결할 수 없어서 결국 나는 공직을 나온 것이기 때문에 당연하다. 눈에 안 보여야, 귀에 안 들려야 생각 안 하고 부정적인 생각이 옅어질 수 있기 때문이다. 그곳에서 배운 것만 남기고 슬픔과 고통을 희석시키려면 멀어지는 수밖에 없다.

'무언가를 증오하는 것도 그것을 사랑하는 것과 같이 그것에 구속되는 것이다'라는 말이 있듯이 공무원은 나를 구속하는 존재였고, 그 구속이 너무도 힘들었기에 벗어나기 위해 이직을 했고 이러한 책을 쓰고 있다. 언젠가는 시간이 더 지나면 아무런 감정 없이 공무원에 대해 이야기할 수 있을 때가 오지 않을까 질문을 던져 보기도 하는데 솔직히 잘 모르겠다. 자신감 있게 그런 때가 온다고 말은 할 수 없다. 안 와도 상관없다. 내가 공무원을 싫어하는 것은 사실이고 숨길 이유도 없기 때문이다. 나는 상처를 받았으니까 말이다. 그냥 시간이 이 증오심을 가져간다면 나는 그냥 가만히 바라볼 뿐이다. 또 가져가지 않는다 해도 그저 가만히 바라볼 뿐이다. 내게 공무원은 그런 존재로서 남아 있다. 내 인생의 코로나 같은 존재. 내게 아픔을 준 존재. 내게 면역력을 준 존재. 내게 후유증을 준 존재. 언젠간 벗어나고 싶은 존재. 그러나 벗어나지 못해도 딱히 상관없는 존재. 그리고 아무리 시간이 지나도 내가 영원히 이해할 수 없고 나랑 잘 맞을 수 없는 그런 존재.

마. 현재 삶에서 누리는 자유의 대가는 비싸다

공직을 떠나 자유로운 길을 선택한 후, 주변에서는 나의 선택에 대해 부러워하거나 낭만적으로 보는 이들이 많았다. "자유를 얻었으니 얼마나 좋겠어요", "이제 진짜 하고 싶은 일을 마음껏 할 수 있겠네요"라는 말을 들을 때마다, 나는 이 자유에 대한 '대가'를 생각하게 된다. 그렇다. 분명 자유로운 길은 내가 진심으로 원했던 삶의 방식이었다. 하지만 그 자유에는 실로 막대한 대가가 따른다는 것을 몸소 깨달았다. 이제는 그 대가를 안다는 이유만으로도 더 이상 이직을 무작정 추천하지 않는다.

공무원으로 일할 때는 크게 생각하지 않았던 '불안정'이, 이직 후 내 일상에 깊이 자리 잡았다. 공무원 시절의 가장 큰 장점 중 하나는 직장에 대한 걱정이 거의 없다는 점이었다. 공직에서 일한다는 것은 기본적인 생계와 고정적인 수입, 사회적 지위를 보장받는 일이었다. 나의 자리가 쉽게 흔들리지 않을 거라는 믿음이 있었고, 그 안정감 속에서 조금은 무기력해지더라도 최소한 경제적 불안감은 없었다. 그러나 자유를 선택하면서 나는 그런 안정감과 거리를 두게 되었다. 이제는 어떤 일이든 내가 직접 만들어야 하며, 수입 또한 내가 만들어 내지 않으면 보장되지 않는다. 매달 정해진 수입이 들어오는 것이 아닌, 그달의 성과에 따라 수입이 달라지는 생활이 되었고, 그런 변화는 나를 자유로 이끌었지만 동시에 예측할 수 없는 미래를 감수하게 만들었다.

무엇보다도, 자유는 그 자체로 막중한 책임감을 동반한다. 공무원 생활을 할 때는 내가 맡은 업무에만 집중하면 되었고, 그 업무 역시 일정한 틀 안에서 주어진 역할을 다하면 되었다. 그러나 이제는 모든 결정이 나로

부터 시작되고, 그에 대한 책임 역시 온전히 나에게 돌아온다. 내가 선택한 프로젝트가 성공하든 실패하든, 내가 세운 목표를 달성하든 하지 못하든, 그 모든 결과를 스스로 감당해야 한다. 나의 선택 하나하나가 나의 미래와 직결되는 것이다. 이러한 책임감은 때로는 내가 무거운 짐을 홀로 지고 가는 기분을 느끼게 한다.

또한, 자유로운 생활 속에서 경험하게 되는 불확실성은 언제나 나를 긴장하게 만든다. 이전에는 안정된 미래가 보장되어 있었지만, 이제는 내 앞에 놓인 길이 어디로 이어질지 아무도 알 수 없다. 회사의 존폐, 프로젝트의 성패, 새로운 기회의 등장 여부 등 내가 통제할 수 없는 요소들이 너무나도 많다. 이 불확실성은 나로 하여금 항상 최선을 다하도록 만들어주는 동력이기도 하지만, 동시에 그로 인한 스트레스는 결코 무시할 수 없는 부담이 되기도 한다. 공직에서는 불필요했던 걱정거리들이 이제는 일상처럼 나를 따라다니고 있다.

자유를 선택함으로써 포기한 혜택 또한 많다. 공무원으로서 가질 수 있었던 연금, 복지, 휴가 등의 혜택이 이제는 없다. 이는 단순히 금전적인 문제를 넘어, 나에게 예상치 못한 큰 부담으로 다가왔다. 이전에는 아플 때나 일이 바쁠 때, 언제든지 유급휴가를 활용하거나 동료의 도움을 받을 수 있었지만, 이제는 나 혼자서 모든 것을 해결해야 한다. 더 이상 내가 아프다고 해서 일이 멈추지도 않으며, 월급이 자동으로 이어지지도 않는다. 내 건강이나 심리적 상태가 좋지 않아도, 결과를 만들어야 한다는 압박 속에서 일을 해야만 한다.

이러한 자유의 대가를 알게 되면서, 나는 이직을 결심하는 사람들에게 신중할 것을 조언하게 되었다. 자유가 주는 낭만에 매료되어 쉽게 떠나는 것은 큰 실수를 범할 수도 있다. 진정한 자유는 그저 한 직장을 떠나는 것이 아니다. 스스로 모든 것을 감당할 준비가 되어 있을 때만 가능한 것이라고 생각한다. 내가 선택한 길을 계속해서 걸어가는 이유는 그 자유의 대가가 나에게 의미 있는 과정으로 다가오기 때문이다. 하지만 이러한 고독과 불확실성, 책임감을 감당하지 못한다면, 자유가 결코 삶을 행복하게 해 주지 않을 것임을 깨달았다.

공직을 떠나 자유로운 길을 선택한 것은 나에게 맞는 길이었다고 느낀다. 나는 책임을 지고, 불확실성을 감내하며 나아가는 것을 선택했고, 그런 도전 속에서 큰 보람을 느낀다. 그러나 이 길은 결코 쉽지 않았다. 나는 자유의 대가가 얼마나 막대한지를 몸소 체험하고 나서야, 이 길을 걸어야 할 준비가 된 사람과 그렇지 않은 사람을 구별할 수 있게 되었다. 따라서, 무작정 이직하기보다 그 과정에서 겪어야 할 무거운 대가에 대해 충분히 고민해 보기를 바란다.

나에게 자유는 단순한 휴식이나 안락한 선택지가 아니다. 자유는 끊임없이 내가 만들어 가야 하는 길이며, 그 과정에서 내가 경험해야 할 고통과 대가를 감수할 수 있어야만 가능하다. 자유를 갈망하는 사람들에게 감히 말하고 싶다. 자유의 대가는 비싸고, 그 대가를 치를 준비가 되어 있는지 스스로에게 진지하게 물어보라고.

앞으로의
삶

안정된 직장 그것도 미래가 보장된 5급 공무원을 버리고 내일, 아니 오늘 저녁 망해도 이상하지 않을 초기 스타트업의 길로 들어선 나를 보면서 다들 내게 엄청난 야망과 치밀한 계획이 있으리라 생각하는 사람이 많다. 원래 나는 매우 계획적인 성격이어서 나를 아는 사람들은 더 그렇게 생각할 것이다. 하지만 많은 고통과 경험을 겪으면서 인생이 계획대로 흘러가지 않는다는 것도 배웠고, 계획이 전부만은 아니라는 것도 배웠다. 무계획도 계획이다. 나는 그냥 지금까지처럼 앞으로도 내 최선을 다하고 열정을 불태우며 꿈을 꾸면서 살고 싶다. 그 앞에 무엇이 놓여 있건 그냥 매 순간 최선을 다하고 방법을 생각해 내면서 수용하며 살고 싶다. 앞으로의 내 직업적 목표, 직업적 계획은 명확히 말하면 없다. 극단적으로 말하면 내가 당장 1년 뒤 아니, 1달 뒤 무슨 일을 하고 있을지 모르겠다.

단 한 가지는 명확하다. 언제고 어느 순간이고 나는 꿈을 꾸고 있을 것이다. 단순 직업적 목표나 계획이 아닌 정말 하고 싶은 이루고 싶은 꿈을 꾸고 있을 것이다. 나이가 들어서도 말이다. 늘 언제나 내 마음에 솔직하고 나를 위한 선택만 할 것이다. 그리고 그게 무엇이든 내 최선을 다할 것이다. 내 적성이 내 마음이 변한다면 그것에 맞춰 내 미래도 선택도 바꿀 것이다. 그리고 꿈을 이루었거나 혹은 꿈을 포기해야 되는 상황이 온다면 그 꿈도 버릴 것이다. 하지만 또 다른 꿈을 찾아 떠날 것이다. 내가 앞으로 맞이할 모든 미래에 나는 항상 꿈을 꾸고 있을 것이고 그 꿈을 통해 행복을 느끼고 있을 것이라 믿어 의심치 않는다. 그리고 그러기 위해 열심히 살고 있을 것이다. 내가 살아온 모든 순간에 있어서 나는 언제나 나의 최선이었고 앞으로도 나는 언제나 나의 최선일 것이다.

가. 앞으로의 목표와 꿈: 꿈을 꾸는 사람으로 살아가는 삶

어린 시절부터 '꿈'이라는 단어는 내게 양면적인 의미로 다가왔다. 많은 사람들이 직업적 목표를 꿈이라고 부르지만, 나는 그러한 꿈을 가져 본 적이 없다. 나의 꿈은 어른들이 기대하는, 혹은 사회가 인정하는 현실적인 목표와는 전혀 다른 것이었다. 내 꿈은 조금 더 자유로웠고, 때로는 허황되기도 했으며, 실현 가능성보다는 내 마음속 깊은 곳에서 자연스럽게 피어오르는 염원이자 열망에 가까웠다. 그래서 나는 종종 '꿈을 꾸는 사람이 되고 싶다'는 생각을 품었고, 이 마음을 어릴 때부터 지금까지 꾸준히 간직하고 있다.

한때는 무인도에서 혼자 사는 꿈을 꾸기도 했다. 혼자만의 공간에서 누구에게도 방해받지 않고, 세상의 모든 소음과 연결을 끊고 살아가는 상상을 했다. 그저 혼자서 오롯이 나 자신과 대면하는 시간 속에 푹 잠겨 있고 싶었다. 또한, 종종 해탈에 이르는 꿈을 꾸기도 했다. 인간의 욕망이나 감정에서 자유로워져, 더 이상 외부의 자극에 의해 휘둘리지 않는 완전한 내면의 평화를 이루고 싶었다. 이런 꿈들은 실제로 실현 가능한 꿈이라

5급 사무관을 때려치우다

기보다 내가 현재 원하는 방향성을 알려 주거나 마음속에서 나를 달래 주고 방향을 잡아 주는 나침반 같은 역할을 했다.

그 외에도 다양한 꿈이 내게는 존재했다. 예를 들어, 노래를 잘하는 소리꾼이 되고 싶었던 적도 있다. 나는 노래를 좋아하지만 음악적으로 재능이 있는 것은 아니었다. 그래서 꿈을 꾸었다. 마음을 다해 어떤 이야기를 전달하는 노래를 불러 보고 싶은 열망이 있었다. 그런가 하면, 어느 날은 월드시리즈 7차전에서 마지막 아웃카운트를 잡는 승리 투수가 되는 상상을 하기도 했다. 야구를 잘하거나 투수로서 재능이 뛰어난 것도 아니었지만, 그런 장면을 꿈꾸면서 몰입하는 순간의 희열이 내겐 꽤나 큰 기쁨을 주었다. 이런 꿈들은 현실적인 목표와는 거리가 멀었지만, 오히려 그렇기 때문에 더 순수하고 자유로운 열망으로 나를 이끌어 주었다.

이런 일련의 꿈들은 현실적인 직업적 꿈, 장래 희망과는 거리가 너무 멀었다. 그러다 보니 특정 직업을 이루기 위해 꿈꾸거나 목표를 설정하지 않았고, 직업적 성공에 대한 욕망도 특별히 느끼지 못했다. 그래서 현실에서의 직업은 나에게 큰 의미가 없었다. 이직을 할 때도 직업적 꿈을 실현하기 위해 나아간 것이 아니라 내 적성에 맞는 일을 함으로써 앞으로도 계속 꿈꾸는 내 인생을 지키기 위해 그저 나답게 살기 위해 나왔다고 생각한다.

지금, 나의 꿈은 그 어느 때보다도 간단하다. 두 가지 꿈을 품고 있을 뿐이다. 첫째는, 미래의 어느 날 저녁에 '내일도 오늘 같았으면 좋겠다'고 생각하며 잠드는 것이다. 어릴 때에는 이런 생각을 자주 했다. 내일도 오늘처럼 행복한 하루였으면 좋겠다고. 그만큼 매일매일이 충만하고 즐거웠기에 내일도 그 기쁨이 지속되길 바라는 마음이 자연스럽게 들었던 것이다. 그러나 점점 나이를 먹고 현실적인 문제들이 생기면서 그런 날들이 줄어들었다. 더 이상 모든 날이 그런 기분을 줄 수 없다는 것도 알게 되었다. 그러나 나는 언젠가 미래의 어느 날에 다시 그런 생각을 할 수 있는 날이 왔으면 한다. 단지 하루가 충만해서, 내일이 오늘과 같기를 바라는 마음. 그것이 나에게는 하나의 목표이자 소망이다.

둘째로, 나는 나이 들어서도 여전히 꿈을 꾸는 사람이었으면 좋겠다. 나이를 먹고, 세상을 알아 가고, 현실의 벽을 겪으면서 조금씩 꿈이 무뎌지고 사라지는 것을 느낄 때가 있다. 매일 같은 일상 속에서 신선함이 줄어들고, 흥미가 점차 사그라드는 것을 경험하며 나는 나 역시 그런 길을 걷고 있다는 생각이 들 때가 있다. 물론, 이것이 나쁘다고는 생각하지 않는다. 안정적이고 편안한 일상 속에서 나름의 행복을 느낄 수 있는 것 역시 인생의 한 부분이라는 것을 잘 알고 있다. 그러나 나는 세월이 지나도 여전히 꿈을 꾸는 사람이기를 바란다. 죽는 날까지도 새로운 꿈을 꿀 수 있고, 그로 인해 내 삶이 설레고 흥미로울 수 있기를 바란다. 꿈꾸는 열정이 사라지지 않고, 세상에 대한 기대와 설렘을 품으며 살아가는 것. 이것이야말로 내가 원하는 삶의 모습이다.

나는 종종 주변으로부터 "다음 직업은 무엇을 꿈꾸냐?"라는 질문을 듣곤 한다. 나의 커리어나 구체적인 계획을 묻는 것이다. 하지만 나는 그 질문에 대해 특별히 명확한 답을 내놓지 않는다. 직장에서 특정한 성과를 내고 몇 년 안에 어디에 도달하겠다는 계획은 없다. 커리어의 경로를 정하고 그 길을 향해 달려가는 것은 분명 많은 사람들에게 중요한 목표일지 모르지만, 지금 나에게는 그냥 현재의 위치에서 최선을 다하는 것이 전부일 뿐이다. 내가 지금 맡은 일에 최선을 다하고, 나에게 주어진 기회를 소중히 여기면서 오늘과 내일을 살아가는 것. 그 순간의 최선을 다하면서, 내가 꿈꾸는 삶과 목표를 간직하는 것. 그것이 나에게는 무엇보다 중요한 일이다.

이러한 꿈은 변할 것이다. 내가 오늘 품은 목표와 꿈이 몇년 후에도 동일하게 남아 있으리란 보장은 없다. 하지만 내가 바라는 것은 그런 꿈과 목표가 변하더라도 꿈을 꾸는 그 자체는 변하지 않기를 바라는 것이다. 꿈을 꾸고, 그 꿈이 새로운 방향으로 변해 갈 때 그 변화를 받아들이며 사는 삶. 그것이 내가 원하는 삶의 방향성이다. 지금 이 순간 내가 가진 목표와 꿈을 등한시하지 않으면서도, 이 목표와 꿈이 결국 특정한 성취나 끝을 위한 것이 아니라는 점에서 나는 여전히 자유롭다. 오늘의 나의 꿈을 이루어 가는 과정 속에서, 또 내일의 새로운 목표를 만나면서 나는 끊임없이 꿈꾸고 성장할 것이다. 변하지 않으려면 변해야 한다. 꿈을 꾼다는 내 꿈이 변하지 않기 위해서 나는 필요하다면 나머지 것들을 모두 변화시킬 각오가 되어 있다. 내 상황, 습관, 직업, 지금의 목표마저 말이다.

무엇보다 나는 나의 꿈이 사람들에게 특별해 보이거나, 세상이 인정하는 것이 아니더라도 상관하지 않는다. 내 꿈은 사회적인 가치나 성공을 측정하는 잣대와는 관계없이 그저 나의 소망이자 열망일 뿐이다. 그냥 어린아이가 저거 갖고 싶어서 떼쓰는 것과 다를 바 없다고 생각한다. 무인도에서 혼자 사는 꿈처럼, 해탈의 경지에 이르는 꿈처럼, 나에게 소중한 꿈이라면 그것이 무엇이든 간에 나는 그 꿈을 소중히 여길 것이다. 그리고 그러한 꿈들이 나를 자유롭고 열정적으로 살아가게 만드는 원동력임을 믿는다. 그렇기에 나는 미래에도 여전히 꿈을 꾸는 사람이기를 바란다. 특정한 위치나 타이틀을 가지기 위한 꿈이 아닌, 내 삶을 더욱 흥미롭고 설레게 하는 열망으로서의 꿈. 이것이 내가 가진 유일한 목표이자, 앞으로의 삶을 이끌어 줄 나침반이 될 것이다.

나. 도전하는 이유

왜 인간은 도전이란 단어에 많은 의미를 부여하는 걸까? 한 개인으로 보면 도전을 할 때도 있고 멈출 때도 있지만 인류 전체로 보면 인간은 도전을 멈추지 않는다. 왜 도전을 멈출 수 없는 걸까? 나는 종종 스스로에게 이 질문을 던지곤 한다. 많은 사람들이 안정된 일상에서 만족을 느끼며 살아가는데, 왜 나는 그리고 인류는 도전의 길을 선택해서 사서 고생하는 걸까? 인간 자체가 어쩔 수 없는 도파민 중독자 종족인 건가? 도박 중독자 종족인 건가?

나는 공직에 들어가 안정된 생활을 경험했지만, 그 안정은 나에게 편안함보다는 정체된 느낌을 더 많이 주었다. 나에게 도전이란 단순히 성공이나 실패의 문제가 아니라, 살아 있다는 실감, 성장하고 있다는 확신, 그리고 나 자신을 더욱 깊이 이해하게 되는 과정이었다. 결국, 내가 도전을 멈출 수 없는 이유는 그 안에 나의 진정한 가치가 있기 때문이다. 더 단순하게 말하면 도전하고 있다고 느낄 때 삶을 자각할 수 있었고, 삶에 의미가 부여되었다. 각자에게 삶의 의미는 다르겠지만 적어도 내게는 그러했다.

나에게 도전이란 단순히 직업적 성공을 위한 수단이 아니다. 이는 나의 삶 자체를 풍요롭게 하는 과정이며, 새로운 무언가를 배우고 내 가능성을 시험하는 기회다. 고요한 일상은 편안할지 몰라도, 시간이 지나면서 그러한 안정은 내게 무거운 정체감으로 다가왔다. 나는 단순히 직장에서의 보장된 미래를 누리기보다, 내 한계를 넘어서고 내 꿈을 실현하기 위해 끊임없이 움직이고자 했다. 인생을 돌아볼 때 기억에 남는 순간들은 언제나 그런 도전의 순간들, 내 한계를 시험하던 순간들이었기 때문이다. 평온하고 안정된 날들보다, 도전 속에서 느꼈던 희열과 긴장감, 그리고 성취감이 나의 삶을 더욱 의미 있게 만들었다.

도전이 힘들고 고된 과정임은 분명하다. 때로는 실패의 쓴맛을 보아야 하고, 불확실성과 맞서야 한다. 그럼에도 불구하고 내가 계속해서 도전을 선택하는 이유는, 그 과정에서 비로소 내가 살아 있음을 느끼기 때문이다. 일상 속의 작은 도전이든, 인생을 흔드는 큰 도전이든, 그 안에서 나는 나 자신을 새롭게 발견하고 내 안의 무한한 가능성을 깨닫게 된다. 도전은 내게 삶의 에너지를 주고, 세상을 더 넓게 볼 수 있는 시각을 열어준다. 내게 도전이란, 내 존재의 이유를 확인하는 과정과도 같은 것이다.

또한, 도전을 통해 얻은 경험은 내 삶의 큰 자산이 된다. 안정적인 환경에서는 얻을 수 없는 귀중한 교훈들이 도전의 과정 속에서 찾아온다. 실패를 통해 배운 교훈, 예측하지 못한 상황에서의 대응력, 그리고 그 모든 과정에서 내면적으로 성숙해 가는 나를 바라보는 일은 어떤 안정된 환경에서도 얻을 수 없는 큰 가치였다. 공직에 있을 때의 나는 내가 배울 수 있는 것들에 대해 만족감을 느끼기보다는 한계를 느꼈다. 더 넓은 시야와 더 다양한 경험을 통해 나는 더욱 성장할 수 있다는 가능성을 느꼈고, 그 가능성을 실현하기 위해 새로운 길로 나아가기로 했다.

도전이 중요한 이유는 또 하나 있다. 바로 도전하는 과정이 스스로에게 자신감을 주기 때문이다. 스스로 도전에 나설 때마다, 나는 조금씩 더 단단해지고 있다는 느낌을 받았다. 도전을 통해 성취감을 얻고, 스스로에게 도전할 용기가 있다는 사실을 깨달을 때마다 나는 조금 더 강한 나를 만났다. 안정 속에서는 느낄 수 없는 이 강한 자신감이야말로 내가 도전하는 이유 중 하나였다. 스스로의 능력을 믿고 더 높은 목표를 바라볼 수 있는 자신감을 얻는다는 것은, 어떤 성과보다도 큰 가치로 다가왔다.

또한, 나는 도전의 과정에서 인간의 복잡한 감정, 다양한 인간관계를 깊이 이해하게 되었다. 도전이란 단순히 개인적인 성취를 위한 것이 아니라, 나를 둘러싼 사람들과의 관계를 새롭게 바라보고, 그들과 함께 성장하는 기회를 만들어 주는 길이었다. 도전 과정에서 함께한 사람들, 실패와 성공을 나눈 이들과의 경험은 단순한 일 이상의 큰 의미로 남았다. 도전은 나를 고립된 존재로 만들기보다, 더 많은 사람과 연결해 주고, 그들을 통해 나를 성장시킬 수 있는 기회였다.

계속 도전하는 이유 중 또 하나는, 내가 경험하는 도전의 순간들이 결국 나를 앞으로 나아가게 만드는 힘이 된다는 사실이다. 도전은 언제나 나를 조금씩 앞으로 밀어내는 동력이 되어 준다. 이는 단순히 경제적 성공이나 사회적 지위를 위한 것이 아니라, 나 스스로 만족할 수 있는 나를 만들기 위한 과정이다. 도전 속에서 나는 더 이상 남의 눈치를 보거나 사회적 기준에 자신을 맞추지 않게 된다. 오히려 스스로의 기준을 세우고, 내가 생각하는 성공과 행복의 기준을 찾게 되는 것이다.

결국, 나는 도전 속에서 살아가기로 결심했다. 도전 속에서 나는 끊임없이 성장할 수 있고, 삶의 의미를 더 깊게 이해할 수 있다. 도전 속에서 나는 매 순간 긴장감을 유지하고, 그 속에서 새로운 것을 배워 나간다. 도전을 선택하는 일이 늘 쉬운 것은 아니지만, 그 과정에서 얻는 가치가 나에게 진정한 안정감을 준다. 안정된 길이 아니라, 도전과 변화 속에서 나만의 안정과 나만의 성장을 만들어 나가는 것, 그것이 내 인생을 진정으로 가치 있게 만드는 이유다.

계속해서 도전하는 삶을 선택한 나의 이유는, 결국 스스로의 한계를 확인하고, 그 한계를 넘어서려는 욕망에서 비롯된다. 도전의 길에서 나는 더 이상 과거의 나에 머무르지 않고, 새로운 나를 발견하며 나아갈 수 있다. 도전을 통해 지금까지 알지 못했던 것을 경험하고 알지 못했던 내 모습을 만나고, 그 안에서 더 깊은 재미와 만족 그리고 성취감을 느낀다. 그래서 나는 오늘도 새로운 도전을 준비한다. 엄청난 야망이나 대의가 있어서? 아니, 그냥 내가 재밌으니까.

이 책을
쓰게 된 이유

이 책을 쓰기까지 참 오랜 시간이 걸렸다. 처음에는 내 이야기를 꺼내기조차 쉽지 않았다. 공직 생활의 경험, 이직에 대한 고민과 고통, 그리고 결단을 내리는 과정에서 내가 느낀 복잡한 감정들. 그것들을 다시 꺼내어 정리하고, 글로 남긴다는 것이 쉽지 않았다. 그러나 나는 내 경험을 정리하며 동시에 다른 누군가에게 작은 도움이 될 수 있기를 바라는 마음으로 이 책을 쓰기 시작했다. 마치 과거의 나에게 이야기하듯, 내가 걸어온 길을 되돌아보고 그것이 현재의 나에게 어떤 의미로 남아 있는지 담담히 풀어내고자 했다.

어쩌면 나의 이야기는 그저 평범하고 소소한 이야기일 수도 있다. 반대로 이상하고 따라하면 안 되는 치기 어린 이야기일 수도 있다. 성공적인 경력을 포기하고, 불확실한 미래로 나아간다는 결단 자체가 누군가에게는 이해하기 어려운 일이기 때문이다. 그러나 나는 이 선택을 통해 얻은 자유와 깨달음이 무엇보다 소중하다고 느꼈다. 나의 선택은 결코 남들의 기준으로 보았을 때 '대단하다'거나 '화려하다'고 할 수는 없겠지만, 나 자신의 내면을 이해하고 진정한 자아를 발견하는 데는 크나큰 의미가 있었다. 그런 개인적인 경험이지만, 이 이야기가 다른 사람들에게도 조금이나마 의미가 되기를 바라는 마음이 있다.

앞에서 말했듯이 어릴 적부터 나는 직업적 목표를 뚜렷이 가지고 있던 사람은 아니었다. 다른 사람들이 하나씩 "나는 커서 이 일을 하고 싶다"라고 꿈을 말할 때도, 나는 그저 막연한 꿈을 품고 있었다. 그저 사회의 기준에 맞춰 나아가는 것이 최선이라고 생각하며, 일단 눈앞에 주어진 길을 열심히 걷기만 했다. 그러나 나의 삶은 예상치 못한 방향으로 흘러갔다. 내가 택한 길이 반드시 나를 행복하게 만들지 않을 수도 있다는 것을 깨닫게 되었고, 그 과정에서 진정한 의미의 적성을 찾고 나의 가치를 다시금 정의하게 되었다. 내게도 불확실성은 무서운 존재였지만, 그럼에도 불구하고 나는 계속해서 변화와 도전을 택했다. 이 책은 그 과정을 기록하고 싶은 나의 바람에서 시작되었다.

그러한 바람에서 시작되었지만 내가 이 책을 쓰게 된 가장 큰 이유는, 나와 비슷한 고민을 하고 있을 수많은 사람들에게 조금이나마 위로와 공감을 전하고자 하는 마음 때문이다. 진로에 대한 고민, 자신의 적성에 대한 의문, 삶에서 어떤 선택을 해야 할지에 대한 막막함은 누구에게나 있을 것이다. 특히 안정된 삶을 추구하던 사람일수록, 변화를 결심하고 그것을 실행해 나가는 과정은 상상 이상으로 큰 용기와 결단을 요구한다. 나는 공직 생활을 하며 안정 속에서 안주할 수 있었지만, 그 안주가 나에게는 오히려 커다란 무게로 다가왔다. 그리고 그 시간동안 너무나도 아픈 경험을 했고, 벗어나는 과정에서 이러한 책이나 영상의 도움을 많이 받았다. 그래서 내가 받은 만큼 돌려주고 싶다는 생각을 했다. 나와 같은 경험을 하며 갈등하는 이들이 분명 있을 거라 생각했고, 그런 분들에게 이 책이 조금이라도 도움이 되기를 바란다.

또한, 이 책은 나에게 하고 싶은 이야기이기도 하다. 인생의 한 시점에서 마주했던 불안, 고통, 나약함, 그리고 그 모든 것을 견디며 새로운 길로 나아가기로 결심했던 나 자신에게 전하고 싶은 이야기. 이 책을 쓰는 과정에서 나의 상처를 다시 한번 마주하고, 그 속에서 배운 것들을 돌아보며 스스로를 다독일 수 있었다. 과거 고통스러운 시간 속의 나를 다시 마주하는 일은 쉽지 않았다. 그러나 마주하는 과정을 통해 고통스러운 과거일지라도 이러한 과거 덕분에 현재의 내가 있음을 인정할 수 있었다. 이 책을 통해 나 자신이 걸어온 길을 기록하고, 그 길이 헛되지 않았다는 사실을 스스로에게 다시 한번 상기시키고자 했다. 이 책을 쓰며 나는 더 이상 과거에 얽매이지 않고, 더 나은 미래를 만들어 갈 용기를 얻게 되었다.

이 책이 누군가에게 도움이 되고, 나 자신에게는 또 다른 시작의 의미가 되기를 바란다. 직업적 목표와 안정적인 길을 향해 걷고 있는 사람들, 혹은 나와 같은 고민을 하고 있는 모든 분들께, 이 책이 작은 위로와 용기를 줄 수 있다면 그것만으로 충분하다. 내가 느꼈던 혼란, 내가 고민했던 그 시간들이, 이 책을 읽는 누군가에게 공감과 희망으로 전달되기를 간절히 바란다.

가. 전하고픈 이야기: 공무원에 안 맞은 나, 공무원에 안 맞는 MZ세대 누구의 문제인가?

공직을 떠난 후로 사람들에게 자주 듣는 질문 중 하나는 "요즘 MZ세대는 왜 이렇게 공무원을 그만두려고 하죠?"라는 것이다. 한때 가장 인기 있던 직업이었던 공무원이지만, 최근 들어서는 많은 젊은 공무원들이 중도에 퇴직하거나 이직을 고민하는 모습을 흔히 볼 수 있다. 과거에도 물론 퇴직자가 있었지만 그냥 개인의 적성 이슈로 치부되는 경우가 많았다. 하지만 지금의 퇴직 이슈는 세대 문제로, 조직문화 문제로 치부되는 경우가 많다. 퇴직의 이유를 'MZ세대의 특징', 'MZ세대와 기성 조직문화의 충돌'로 연결 짓는 시선이 많다. 그러나 이 문제를 단순히 세대의 특성으로 치부하는 것은 공무원 퇴직의 근본 원인을 제대로 이해하지 못한 결과라고 생각한다. 퇴직한 공무원이자 퇴직한 MZ세대로서 이 문제에 대해 개인적인 시선과 객관적인 시선을 모두 담아서 이야기해 보고자 한다.

MZ세대가 퇴직을 선택하는 이유는 단순히 세대의 기질이나 특성이 아니라, 시대적 변화의 결과물이다. 공직 생활은 어느 정도 보장이 있고 안정적이지만, 이는 일정한 틀 안에서 일하는 환경을 유지해야 한다는 의미도 포함하고 있다. 문제는 지금과 같은 빠르게 변화하는 시대에는, 이러한 구조적인 안정성이 오히려 젊은 세대에게는 제약으로 작용할 수 있다는 점이다. 특히, 기술이 급격히 발전하고 사회 변화의 속도가 가속화되는 시대에 큰 조직이 변화에 발맞추기란 결코 쉬운 일이 아니다. 더 이상 한 조직에 오래 머무는 것이 커리어적으로도 필수적이지 않고, 다양한 경험을 통해 성장할 수 있는 기회가 많아지면서, 젊은 세대는 공직 생활의 느린 속도와 경직된 환경에 회의감을 느끼게 되는 것이다.

많은 사람들이 MZ세대가 공무원 조직의 경직성에 불만을 가지고 있다고 말한다. 하지만 이를 세대의 문제로 단정 짓는 것은 편협한 시각이다. 단순히 세대의 특성이 아니라, MZ세대가 살아가고 있는 환경과 그들의 필요가 달라졌기 때문이다. 이들은 변화하는 시대에 맞춰 자신을 발전시키고, 새로운 것을 빠르게 배울 수 있는 곳을 더 선호한다. 이에 비해 공공 조직은 한 번의 변화도 어렵고 시간이 걸리는 구조를 가지고 있다. 정부와 같은 큰 조직은 안정성을 가장 중요한 가치로 여길 수밖에 없기 때문에, 급진적인 변화를 시도하기 어렵고, 이는 젊은 세대와의 '속도 차이'를 만들어 낸다.

MZ세대는 어쩌면 공공 조직이 따라잡기 힘든 '변화에 대한 감각'을 가지고 있다. 기술과 디지털 환경에 익숙한 그들은 새로운 트렌드를 자연스럽게 받아들이고, 이에 따라 직업 선택의 우선순위도 변화하고 있다. 예전에는 공무원이 '철밥통'으로 불릴 만큼 안정성과 높은 사회적 인정을 얻을 수 있는 직업이었다. 하지만 이제는 안정성이 전부가 아니게 되었고, MZ세대에게는 도전과 경험, 개인적 성장이 중요한 요소로 자리 잡았다. 공공 분야가 아무리 안정적이라 해도, 그 안에서 변화의 속도가 느리고, 새로운 도전을 할 수 있는 여지가 적다면 MZ세대는 과감히 이직을 선택하게 되는 것이다.

더 나아가, MZ세대의 퇴직 현상은 공직뿐만 아니라 많은 전통적 기업이나 조직에서도 나타나는 현상이다. 안정과 보장보다는 자기 발전과 자아실현을 중시하는 MZ세대의 성향은 모든 산업에서 변화의 물결을 일으키고 있다. 하지만 이는 그들이 '참을성이 부족하다'거나 '이기적이다'라는 세대적 특성에서 비롯된 것이 아니다. 변화와 혁신을 주도할 수 있는 능력이 중요한 시대가 되었고, 이들은 그 흐름에 적응하며 자신을 발전시키고자 하는 것이다.

또한, 공공 조직에서 젊은 세대가 빠르게 떠나는 현상은 오히려 공직이라는 직업 자체가 가지고 있는 구조적 문제와 한계를 반영하는 것이기도 하다. 현재와 같은 조직 구조가 젊은 세대의 욕구를 충족시키기에 충분하지 않다는 것을 보여 준다. 예전에는 공무원으로서의 연금과 보장이 큰 매력이었지만, 이제는 많은 대기업과 다른 전문직들도 비슷한 수준의 안정성을 제공한다. 더구나 이들은 공공 부문보다 빠르게 변화를 수용하며, 다양한 경험을 쌓을 기회를 제공하는 경우가 많다. 결국, 공무원의 안정성은 상대적으로 덜 매력적인 요소가 되었고, 이는 MZ세대의 퇴직 증가로 이어진 것이다.

그러나 공공 조직 역시 이 같은 변화를 충분히 인지하고 있으며, 시대에 맞춰 여러 시도와 혁신을 진행하고 있다. 더 나아가, 변화에 적응하고 젊은 세대와 발맞추기 위해 노력하는 중이다. 여러 부처에서 다양한 방식으로 조직문화를 혁신하고 업무 방식을 유연화하며, 디지털 기술을 도입하는 등 변화를 따라잡기 위한 노력을 기울이고 있다. 하지만 이 같은 변화 시도에도 불구하고, 사회 전반의 변화 속도에 맞추기에는 물리적 한계가 있다. 큰 조직은 체계적인 구조와 절차 속에서 움직이기 때문에, 민간처럼 즉각적인 반응을 보이기는 어렵다.

또한, 공공 조직이 이러한 흐름에 무작정 맞춰 가서는 안 되는 이유도 있다. 공직의 본질적인 역할은 사회의 안전망으로서 변함없이 신뢰를 줄 수 있는 기관으로 남는 것이다. 지나치게 변화에 매몰되어 안정성을 해칠 경우, 오히려 공직이 갖춰야 할 본질적인 가치를 훼손할 위험이 있다. 이는 공공의 목적과는 분명히 상충되는 부분이다. 공공 기관은 국민을 위해 일정한 안정성을 유지해야 하며, 한 사회가 지속 가능하게 나아갈 수 있도록 그 기반을 마련하는 역할을 수행해야 한다. 그러므로 공공 조직은 새로운 세대와 사회 변화에 맞춰야 한다는 요구와 함께, 변하지 않아야 하는 부분들 또한 동시에 신경 써야 한다. 이는 개인과 사회의 안정을 뒷받침하는 본연의 목적을 지켜야 하기 때문이다.

이 모든 변화가 특정 세대 혹은 특정 조직의 성향 때문이라기보다는, 시대적 흐름이 만들어 낸 자연스러운 결과라고 보는 것이 맞을 것이다. 그리고 앞으로 이러한 퇴직 현상은 더욱 가속화될 가능성이 높다. 나 역시 이러한 시대의 흐름 속에서 공직을 떠난 한 사람으로서, MZ세대의 문제라고 단정하는 것이 아니라, 시대적 변화에 대한 자연스러운 반응이라고 생각한다. 우리 세대가 이런 선택을 할 수밖에 없는 이유는 단순히 세대의 특성 때문이 아니라, 우리 시대가 변화를 요구하고 있기 때문이다.

그리고 이런 흐름은 언젠가 균형점을 찾을 것이다. 더 이상 공직이 절대적인 인기를 끌지 않음으로써, 공공 부문은 필연적으로 그 역할과 기능에 맞는 진정한 인재를 요구하게 될 것이다. MZ세대의 퇴직이 공공 조직에 변화를 가져올지, 아니면 그들이 계속해서 공공 부문을 떠나게 될지는 아직 확실하지 않지만, 이 현상은 어떠한 개인의 문제도 특성 세대의 문제도 특정 조직의 문제도 아닌 시대의 변화 현상일 뿐이라고 생각한다.

지금의 변화 속에서 공공 부문은 이러한 흐름에 맞춰 자신의 본질을 지키며 나아가야 한다. 아니, 그렇게 될 것이라 생각한다. MZ세대의 퇴직이 공공 조직에 어떠한 변화를 가져올지는 아직 확실치 않지만, 이를 통해 공공의 역할에 대한 사회적 요구와 시대적 요구의 조화를 이루는 새로운 방안을 모색하게 되는 시대라고 생각한다. 다르게 말하면 공공 조직과 우리나라가 정상화되고 있는 과정에 있다고 생각한다. 그동안은 너무 많은 인재가 과도하게 공공 쪽에 쏠려 있었다. 하지만 정말 국가 경쟁력의 발전을 위해서는 이러한 인재들이 민간에서 자신의 역량을 발휘하고

　　　　　　　　　　　　　　　5급 사무관을 때려치우다

세계로 나아가야 한다. MZ세대의 퇴직 흐름이 가속화될수록 공공 조직은 위기라고 생각하겠지만 나라 전체를 봤을 때는 오히려 기회라고 생각한다. 그리고 개인의 입장에서도 엄청난 기회라고 생각한다.

그러니까 공공 조직 속에서 고통을 받고 있는 분이 계시다면 당연한 시대의 흐름이고 그 흐름에 잘 따라서 살고 있어서 고통을 받고 있는 거니 스스로의 탓이라고 자책하지 않으셨으면 한다. 스스로 심사숙고해서 정말 자신을 위한 결정만 내리면 된다. 못 버티겠으면 나와서 새로운 기회를 잡아라. 버티면서 다니는 게 낫다 싶으면 다니고 말이다. 내 잘못이니, 공직의 문제니, 세대의 특징이니 복잡하게 생각하지 말라. 당신은 무죄고 세상은 넓고 할 일은 많다.

나. 전하고픈 이야기: '단 하나', 꿈이라는 나침반

살면서 가장 많이 들었던 질문 중 하나가 바로 "왜 그렇게 힘들게 살아가는가?"라는 것이다. 사람들은 더 쉽게, 더 안정적으로 사는 길을 선택할 수 있는데 왜 나 자신을 내몰아 가며 남들과 다르게 이상한 짓 하면서 꿈이라는 길을 따라 걷는지 궁금해한다. 혹자가 말하는 대로 관심종자라서, 중2병이라서 그럴 수도 있다. 아무튼 이러한 질문을 들을 때마다 나는 고민에 빠지곤 한다. "결국 나는 무엇을 원하기에 이렇게 발버둥 치는 걸까?", "나에게는 모든 것을 포기할 정도로 중요한 '단 하나'가 과연 무엇일까? 아니, 있을까?" 모든 것을 가질 수 없는 현실 속에서, 남들이 추구하는 다른 모든 것들을 버리고 내 생각대로 선택한 단 하나의 가치가 정말로 삶을 살아가게 하는 원동력이 될 수 있는 것인가? 있다면 무엇일까?

아직 정답이 아닐 수 있지만 수많은 고민 끝에 내린 답은 이것이다. 지금 나에게 '단 하나'란 앞서 언급한 '꿈'이다. 꿈이라는 말은 참으로 막연하고 추상적이지만, 그럼에도 불구하고 그 안에 무한한 가능성과 희망이 담겨 있다. 여기서 말하는 꿈이란 앞서 말했듯이 단순히 이루고 싶은 목표나 직업적인 성공을 의미하는 것이 아니다. 꿈이란 나에게 희망이고, 열정이며, 내가 살아 있음을 느끼게 하는 원동력이다. 꿈이 없는 순간, 나의 삶은 그저 매일 반복되는 일상에 불과해지고, 아무런 색채도 없는 회색빛으로 가득 찬다. 그래서 나는 언제나 꿈을 꾸고, 그 꿈을 이루기 위해 나아가는 삶을 택했다.

사람들은 삶에서 완벽함을 추구한다. 모든 것을 가지려 한다. 안정적인 직업, 좋은 관계, 경제적인 여유, 취미와 휴식까지 모든 것이 균형 잡힌 삶을 원한다. 하지만 현실은 그렇지 않다. 완벽을 추구할수록 우리는 점점 더 많은 것을 잡으려 하다가 정작 진정 중요한 것을 놓치게 된다. 나 역시 마찬가지였다. 안정적인 직장을 가지고, 주위에서 부러워하는 위치에 있었지만, 내 안에 남아 있는 질문이 있었다. "나는 정말 내가 원하는 것을 잡고 있는가?"

그 질문이 머릿속에서 떠나지 않았다. 겉으로는 부족함이 없는 것처럼 보였지만, 내가 진정으로 원하는 꿈을 향해 나아가고 있다는 느낌을 받지 못했다. 결국, 나는 꿈을 위해 모든 것을 내려놓아야 했다. 많은 것을 포기하는 일은 쉽지 않았다. 안정된 수입과 미래에 대한 보장이 주는 안도감은 때로 나를 뒤돌아보게 했고, 불확실한 길을 선택하는 것에 대한 두려움은 나를 흔들어 놓았다. 그럼에도 불구하고, 꿈을 좇는 것을 포기할 수 없었다. 그 하나를 지키기 위해, 나머지 모든 것을 내려놓았다.

5급 사무관을 때려치우다

'꿈이라는 나침반.' 내 삶에서 꿈은 방향을 알려 주는 나침반이다. 방향을 잃고 방황할 때, 꿈이 나에게 어디로 나아가야 하는지 알려 준다. 그리고 방향을 잡고 나아갈 때는 그 길을 계속 걷게 만드는 힘을 준다. 꿈은 종착지가 있는 목표와는 다르다. 꿈을 꾸는 사람에게는 종착지라는 개념이 없다. 오히려 꿈은 언제나 그때그때 새로운 길과 열정으로 변모하며 나의 인생을 안내한다. 삶의 여정 속에서 꿈이 없다면 나의 길은 의미가 없어진다. 꿈이 있기에 이 길이 험난하더라도 걸어갈 수 있고, 실패와 좌절 속에서도 다시 일어설 수 있는 것이다.

어떤 이들은 물어본다. "그 꿈을 이룬다면, 그다음에는 무엇을 할 것인가?" 하지만 나에게 있어 꿈은 특정한 목표가 아니다. 꿈이란 내 삶의 방향성 자체고, 그것을 위해서 걸어가고자 하는 나의 의지 그 자체다. 내가 어느 위치에 있든, 어느 환경에 놓여 있든, 꿈은 나를 이끄는 나침반 역할을 하며, 내 삶을 계속해서 움직이게 한다.

꿈이라는 것은 고정된 목표가 아니다. 내가 10대에 품었던 꿈과 지금의 꿈은 다를 수 있다. 미래에 나는 또 다른 꿈을 품을 수도 있다. 중요한 것은 꿈이 바뀌는 것에 대한 두려움이 아니라, 어떤 꿈을 꾸든 그 꿈이 내 삶에 진정한 의미와 열정을 불어넣어 줄 수 있느냐이다. 꿈의 내용이 바뀌어도, 꿈을 꾸고자 하는 나의 열정과 희망은 그대로 남아 있다. 이렇듯 꿈은 변화할 수 있지만, 꿈을 꾸고자 하는 희망은 나의 본질이자 내가 놓아서는 안 될 가치다.

꿈은 단순한 목표 이상의 의미를 지닌다. 꿈을 통해 나는 나 자신을 성장시켜 나가고, 그 과정에서 새로이 나를 발견하며 더 깊이 이해하게 된다. 지금 내게 꿈은 내일도 오늘처럼 살고 싶다는 마음으로 잠들 수 있는 상태를 의미한다. 그것은 하루하루가 충만하고 의미 있는 날들이 쌓여 가는 삶이다. 물론 매일 그렇게 살 수는 없겠지만, 언젠가 그런 날이 올 수 있기를 희망하며 오늘을 살아간다.

꿈을 좇는 길은 결코 쉬운 길이 아니다. 많은 이들이 중간에 포기하고 안정적인 삶을 택한다. 나도 그런 선택 앞에 수없이 놓였고 앞으로도 수없이 놓일 것이다. 그때마다 내가 선택한 것은 항상 꿈이었고, 앞으로도 꿈일 것이다. 불확실하고, 결코 쉬운 길이 아니지만, 나는 이 길 위에서만 나의 존재 이유와 삶의 의미를 찾을 수 있었다.

꿈을 향한 길을 걸으며, 나는 좌절을 겪고 실패를 맛보기도 한다. 하지만 그 과정에서 나는 나 자신을 더 깊이 이해하고 성장할 수 있었다. 꿈을 이루지 못한다 해도, 그 길을 걸어가는 자체가 나에게 큰 의미를 부여한다. 삶의 고난과 역경 속에서 꿈을 붙잡고 있는 사람은 항상 자신을 다시 일으킬 수 있다. 내가 꿈을 포기하지 않는 한, 꿈은 내 삶을 지탱해 줄 것이다.

인간은 모든 것을 가질 수 없다. 우리는 완벽하지 않고, 모든 것을 얻기 위해서는 반드시 무언가를 포기해야 한다. 내가 생각하는 '단 하나'는 사람이 살아감에 있어서 지켜야 할 가치이고, 그 삶을 살아가게 하는 이유라고 생각한다. 상황이 여유로워서 다양한 것들을 다 가져가면서 살 수 있으면 좋겠지만 삶은 언제나 시련이고 우리에게 선택을 강요한다. 무엇을 버릴 것이냐고 말이다. 그 최후의 최후까지 내가 가지고 있어야 하는 것이 '단 하나'라고 생각한다. 그리고 그것은 사람마다 다를 것이다. 나에게 그 '단 하나'는 꿈이다. 다른 모든 것을 포기하면서까지 지키고 싶은 꿈이 있다면, 그것을 위해 다른 모든 것을 내려놓을 가치가 있다고 믿는다.

5급 사무관을 때려치우다

꿈을 잃지 않는 삶, 그것이 내가 선택한 길이다.

이 마지막 장을 읽고 있는 독자들에게 묻고 싶다. 당신에게는 모든 것을 포기할 만큼 중요한 '단 하나'가 있는가? 그 '단 하나'를 위해 다른 것들을 내려놓을 준비가 되어 있는가? 이 질문에 꼭 답을 할 필요도 없다. 내가 던진 이 화두가 인생의 진리도 아니니까 말이다. 그래도 이러한 진로 고민, 적성 고민, 삶의 고민에 빠져 있는 분이라면 한 번쯤은 생각해 볼법한 질문이라고 생각한다. 만약 지금 이 질문에 대한 답을 할 수 없다면, 인생을 살아가며 그 답을 찾는 것이 어쩌면 우리가 살아가는 이유일지도 모른다.

다. 참고하되 따라 하지 말기

때때로, 아니 거의 항상 나는 사람들에게 "특이하다"는 말을 듣곤 한다. 사회생활을 하다 보면 누구나 "특이하다"는 말을 들을 때가 있겠지만, 나의 경우엔 특히 일상적인 행동들이 남들과 조금 다른 방식으로 드러나는 것 같다. 이게 꼭 이상한 것이라고 생각하지는 않는다. 사람마다 성격이 다르고, 생활 방식을 선택하는 데 있어 자유가 있다고 믿기 때문이다. 다만 내 행동이 누군가에게는 다소 낯설게 보일 수도 있다는 걸 인정하며, 같은 고민을 겪고 있는 사람들이 고민 해결을 위해 지금까지 서술한 내 경험과 삶의 방식을 무작정 따라 하는 것에는 주의할 필요가 있다는 점을 알려 드리고 싶다. 그냥 "주의하세요!" 하는 것보다 진짜 왜 특이한지 알려 주면 더 효과적일 것 같아 일상에서 겪었던 이야기를 풀어놓으려 한다. 이 에피소드들을 통해 나라는 사람이 공직 생활에서 얼마나 겉돌았을지 앞의 내 서사가 조금 더 이해가 갈 것이다. 물론, 다른 사람들의 고통이나 힘듦과 비교하고자 하는 건 아니다. 다들 각자의 자리에서 각자만의 방식으로 버티고 살아갈 뿐이니까. 그냥 나는 이랬다는 것, 그러니 아마도 공직이 더 힘들게 느껴졌을 거라는 것, 단지 그 이야기를 전하고 싶을 뿐이다.

1) 혼자 밥 먹기: 고독한 식사의 이유

공직에서 일하며 내가 자주 받는 질문 중 하나는 "점심은 누구와 먹어요?"였다. 대부분의 공직자들이 식사를 같이 하며 교류하는 것과 달리, 나는 거의 항상 혼자 밥을 먹었다. 이건 단순히 사람들과 어울리는 것이 귀찮아서가 아니라, 내게는 점심시간이란 그날의 스트레스를 풀고, 내 방식대로 에너지를 재충전하는 시간이기 때문이다. 아침부터 쌓인 긴장을 해소하려면 누구의 간섭도 받고 싶지 않았다. 혼자만의 시간이 필요했고, 그걸 나는 혼자 식사하는 방식으로 해결했다.

가끔은 국장님이나 차장님과 함께 식사하러 가는 날도 있지만, 그마저도 간헐적으로 참석했다. 점심시간마저 쉬지 못하면 그날 오후 일과까지 버틸 자신이 없었다. 점심시간에 보통 나는 도시락을 준비해 회사 내 헬스장에서 운동을 마치고 빠르게 식사를 해결하곤 했다. 운동하면서 머리를 비우고, 스트레스를 풀어야 오후에 겨우 버틸 수 있었다. 사람들과 교류를 하며 에너지를 쓰기보다는 차라리 스스로에게 필요한 활동에 에너지를 집중하는 것이 훨씬 더 맞았다. 가끔은 밖에 나가서 제육볶음을 배불리 먹고 오는 날도 있었다. 내겐 이런 식의 혼자만의 점심시간이 필수였다.

2) 이어폰과 노래: 공공장소에서의 나만의 세계

업무에 집중해야 할 때, 아니 집중이 필요한 모든 순간에 나는 노래를 듣는다. 사실 따라 불러야 더 집중이 잘되지만 사회생활에선 거의 불가능하다. 이어폰을 끼고 음악에 집중하면서, 내 주변 소리를 차단한다. 특이한 건, 귀가 꽤 민감해서 음악을 듣고 있어도 다른 사람이 부르는 소리를 다 들을 수 있다. 그러다 보니 음악을 틀어 놓고도 대화나 지시에 대한 방해 없이 업무를 이어 갈 수 있었다. 이러다 보니 "왜 음악을 들어야 집중이 되느냐"는 질문을 받기도 했다. 나는 어려서부터 음악을 들으며 집중하는 것이 습관이었다. 반복되는 업무 속에서 집중력을 유지하기 위해 음악을 활용하는 것이다. 그리고 귀가 좋기 때문에 음악조차 듣지 않으면 듣기 싫은 사무실의 다른 대화나 소리들이 너무 크게 들려서 힘들었다.

그러나 이 습관 때문에 다소 냉담해 보이거나 타인의 말을 차단하고 산다는 인상을 주기도 했다. 그런데 나는 거기에 별로 개의치 않았다. 사람마다 일하는 방식이 다른 법이니까. 당시의 나는 주어진 일을 일단 처리하고 회사 생활을 버티는 데도 죽을힘을 다해야 했다. 다른 사람들이나 조직의 문화에 따라 맞춰 줄 여력이 없었다. 일이라도 집중해서 하기 위해서는 내게 음악은 필수였다.

3) 공직 내 사적인 교류? 없다: 칼 같은 선 긋기

아마 공직 생활 중 가장 '특이하게' 비칠 만한 부분이 바로 사적인 교류의 부재일 것이다. 공직에서 일하는 동안 친해진 사람, 따로 만나 밥을 먹은 사람, 퇴근 후 한잔한 사람 통틀어 0명이다. 나는 업무와 사적인 관계를 철저하게 분리하는 성격이었기 때문에, 직장 내 사람들과의 관계는 최소한으로 유지하고 싶었다. 이렇게 사적인 교류가 없는 생활은 누군가에게는 공허하게 느껴질 수도 있지만, 나에겐 어느 정도 자연스러운 일이었다. 회사 사람들에게 내 진실된 모습이나 속마음, 사생활이 알려지는 것이 싫었다. 특히 직장에서 사적인 감정이 개입되는 상황을 피하고 싶었다.

그렇다고 해서 업무에 있어서 무조건 수동적으로 내 의견을 억누르거나, 시킨 일만 맹목적으로 수행하진 않았다. 다만 내게 주어진 업무 범위 내에서 최선을 다하되, 불필요한 감정 소모나 갈등은 피하고 싶었다. 업무에 대해 정해진 선에서 내가 할 수 있는 만큼을 하는 것이 오히려 마음이 편했다. 이런 태도는 때때로 '차갑다'는 인상을 주었지만, 내게는 이 방식이 힘든 직장 생활에서 그나마 일관성 있고 안정감을 유지할 수 있는 방법 중 하나였다.

사실 이외에도 소위 말하는 돌아이 행동이 많지만, 이 책이 웃긴 라디오 사연 모음집도 아니라 전부 제외했다. 사람들은 각자 다양한 방식으로 사회에 적응하며 살아간다. 나의 경우도 나름의 방식으로 적응하며 내 살길을 걸어왔다. 누군가는 내가 '너무 차갑다', '특이하다'고 느낄 수 있겠지만, 또 누군가는 '여리다', '유쾌하다'고도 말한다. 그냥 내게 다면적인 모습이 있고 그건 누구나가 그렇다고 생각한다. 나는 내 방식대로 의미를 찾아가고 있는 것이다. 공직 생활 동안 나와는 다른 사람들과 함께 일하면서도 내 색깔을 잃지 않고 살고자 노력했고, 그 과정에서 내 모습이 때로는 다르게 보였을지도 모른다.

어쩌면 내 방식이 스스로를 고립시키는 선택처럼 보일 수 있겠지만, 그 시간들이 나에게는 오히려 중요한 시간이었다. 혼자만의 시간을 통해 집중과 충전을 했고, 감정의 소모 없이 일에 몰입할 수 있었기 때문에 공직 생활을 어느 정도 견딜 수 있었다고 생각한다. 삶을 살아가는 방식에 있어 누군가에게 강요할 필요도 다른 사람의 삶을 무작정 따라갈 필요도 없다. 그래도 '이런 특이한 사람도 잘 살아가는구나' 하고 내 이야기가 누군가에게 공감이나 위로가 되었으면 하는 바람이다.

나 자신을 포함한
모두에게 전하는 응원의 말

나의 과거는 불완전했다. 그리고 불행했다. 현재도 완벽하지 않다. 인간이니 완벽할 순 없다. 그러나 불행하진 않다. 그리고 자신감이 생겼다. 과거가 현재를 만들지만 현재가 과거를 재정의한다고도 생각한다. 역사란 사실의 기록과 해석이니까. 과거에는 후회도 많이 했다. 하지만 현재는 내 인생에 후회란 없다. 내가 내린 선택은 언제나 그 당시로서 최선의 선택이었다 믿는다. 앞서 언급했듯이 내 모든 순간에 있어서 언제나 나는 나의 최선이었다.

나의 불행은 한편으로는 인생에 있어서 불가항력이었지만 어느 정도는 내 잘못이기도 하다. 그러나 그건 공직에 맞지 않은 잘못이나 배부른 고민을 한 잘못이 아닌 그냥 적성 찾기를 게을리한 잘못이다.

어려서 적성을 찾는 것을 더 적극적으로 했다면 나의 고통과 고민은 조금 더 줄지 않았을까 하는 생각은 한다. 그러나 다행인 것은 내가 적성을 찾는 것을 늦었음에도 두려워하지 않고 계속해 나갔다는 점이다. 그래서 나는 내가 자랑스럽고 내가 좋다. 뭘를 잘하고 뭘를 못하고 연봉이 어쩌고 이래서 좋고 자랑스러운 것이 아니라 스스로를 포기하지 않고 계속 적성을 찾으려고 노력한 것이 정말 자랑스럽고 좋다.

군대에서 다치면서, 공직에서 다치면서 배운 것이 있다. 그 어떠한 경우에도 과거를 없던 일로 되돌릴 수는 없다. 내 상처, 내 경험, 내 선택 모두 지나간 과거로서 내 현재를 만들었다. 잘못된 선택을 했다면 돌릴 수 없다. 하지만 우리는 미래가 있기에 나아갈 수 있다. 과거를 고치는 것이 아니라 미래를 만들기 위해 노력하면 된다. 나는 내 미래를 행복하게 만들고 싶었다. 그래서 아무리 힘들어도 내 인생에 가장 중요한 '단 하나'를 찾기 위해 고민하고 아파도 포기하지 않은 것 같다.

나는 경험을 내 인생의 '단 하나'인 '꿈'을 이루기 위한 가장 중요한 수단으로 생각한다. 지독한 관념론자이자 N인 내가 말이다. 아직도 지독한 관념론자이나 그렇기에 더더욱 경험을 중시하고 실천을 하고자 한다. 나는 성공하고자 돈을 벌고자 나온 것이 아니다. 좀 더 내 인생을 내가 주도적으로 경험하고자 이동했다. 적성이 맞지 않는 곳에서는 내가 원하는 경험을 할 수 없으니까. 그리고 그곳에서의 경험은 나에게는 충분했다. 그 과정에서 내가 느낀 점은 하나다. 그냥 해 봐라. 그래야 너의 '단 하나'를 찾을 수 있다. 인생은 한 방이 아니니 실패를 두려워하지 말고 계속 찾아라. 그게 뾰족하게 구체적이지 않아도 된다. 그리고 정해져 있다고도 생각하지 마라. 지금의 나에게는 꿈이 '단 하나'이지만 이 또한 변할 수 있다 생각한다. 내가 살아가는 날 속에서 그것이 변한다면 자연스럽게 받아들일 것이다.

자신의 적성에 대해, 직업에 대해 고민하고 있는 모든 분들에게 마지막으로 하고 싶은 조언은 단 하나다. 아무리 힘들고 포기하고 싶어도 스스로에 대한 적성을 찾는 것을 포기하지 말고 두려워하지 말라고 말해 주고 싶다. 지금 직업이 본인하고 맞지 않는다 해도 당장 도망가고 싶다 해도,

아니 도망간 곳이 또 안 맞는다 해도 지금 고민하는 것 자체가 대단하다고 말해 주고 싶다. 그렇게 고민하고 포기하지 않는다면 누구나 자신의 적성을 찾고 불안하더라도 불행하지 않은 직장 생활을 찾을 수 있다 생각한다.

Part 2

담지 못한 하고 싶은 말

"이 책을 읽으신 모든 분들이 자신의 인생이란
책을 소중히 여기고 잘 가꾸어 나갔으면 한다."

지금까지는 5급 공채 수석 합격자가 5급 공무원을 때려치운 이야기를 해 보았다. 어느 정도 구조가 짜인 흐름이 있는 하나의 이야기였다. 이제는 좀 더 난잡한 이야기를 해 보려 한다. 지금까지 내가 살면서 그리고 앞서 말한 고통의 시간을 겪으면서 느낀 생각과 고민들을 주제별로 논의해 보고자 한다. 자연스럽게 앞의 스토리에 녹여 내기에는 흐름이 끊어질 것 같아서 부득이하게 따로 편성하였다. 독서의 편의성을 위해 주제의 순서는 순수하게 분량 순서대로 하였다. 주제별로 묶을까 생각도 해 봤지만 명확하게 구분이 불가능하기에 짧은 글부터 편하게 읽으라는 의미에서 분량이 적은 주제글부터 배치했다.

　간단하게 내 서사에 대해 궁금해서 이 책을 잡으신 분이라면 여기부터는 읽지 않아도 좋다. 반대로 개인의 서사는 궁금하지 않고 진로, 적성, 인생 등의 담론에 대한 인사이트를 얻고 동기부여를 얻고 싶은 사람은 이곳만 읽어도 좋다. 말은 이렇게 했지만 끝까지 전 부분을 재미있게 읽어 주셨으면 한다. 이 책을 잡으신 분들은 어쨌든 이야기에도 관심 있고 저러한 고민을 안고 인사이트를 얻고 싶은 분들이라 생각한다.

실패하면 끝인가?
실패해도 괜찮다

이직 후 나는 공무원 시절에는 느낄 수 없었던 새로운 도전에 직면하게 되었다. 실수와 실패는 새로운 업무를 맡으면서 피할 수 없는 부분이었다. 공무원 시절에는 안정적인 업무 환경에서 실수와 실패가 거의 없는 일들을 해 왔기 때문에, 나에게 주어지는 책임과 중압감은 새로웠다. 그리고 애초에 나는 완벽주의자 성향이 강했다. 내 기준에 미달하지 않으면 절대 시도하지 않았다. 그것은 옳지 않다고 생각했기 때문이다. 그러니 항상 몸과 마음이 무겁고 새로운 것을 경험하기가 쉽지 않았다. 그러나 이직을 통해 그 무게를 이겨 내고 나니 오히려 이러한 실패가 어쩔 수 없는 과정 중의 하나라는 생각이 들었다. 단순히 '실패가 성공의 어머니다', '실패를 통해 배울 수 있는 것이 많다' 이런 관점보다는 더 근본적으로 애초에 목표치로 한 결과를 내기 위해서 중간에 실패라는 과정이 없을 수 없다는 생각을 하게 되었다. 기계도 아니고 우리가 목표로 한 지점에 바로 바로 점프하듯이 갈 수는 없지 않는가. 목표에 못 미치는 순간들, 어긋나는 순간들을 겪고 계속해서 방향과 속도를 수정해 나가야 처음 목표했던 곳으로 갈 수 있는 것이 아닐까 하는 생각이 들었다. 그래서 실패가 성공의 어머니라고 하는 게 아닐까. 어머니가 없으면 자식이 없듯이 실패는 그렇게 성공으로 가기 위해 필수 불가결한 요소라는 생각이 들었다.

결국 실패에 대한 두려움은 완벽에 집착하는 내가 만들어 낸 것이었을 뿐이다. 실패 그 자체가 무섭거나 고통스럽고 혐오스러운 것이 아니다. 내가 원하는 곳으로 가려면 어쩔 수 없이 지나쳐야 하는 중간 과정일 뿐이다. 크게 보면 성공에 포함되는 개념이라고도 볼 수 있다. 실패가 혐오스럽고 두렵다면 사실 시작을 안 하면 된다. 그럼 실패할 일은 없다. 하지만 성공할 일도 없다. 우리가 실패와 성공에 대해서 가지는 마음은 통상적으로는 이런 느낌에 가깝다. 실패는 쓰고 아프지만 그래도 그것을 통해 배우고 그 두려움을 넘어서는 진짜 용기를 가져야 한다. 이런 강한 격언은 강한 동기를 주기도 하지만 때로는 오히려 더 우리를 움츠러들게 한다. '난 저러한 용기가 있나?', '저 사람들은 능력이 되니까 저렇게 용기를 낸 건가?', '결과를 낸 사람들은 역시 용기도 있구나' 하는 오해를 만들어 낼 수도 있다. 그러면 더욱더 완벽에 집착하게 되고 더욱더 실패를 두려워하게 될 수도 있다. 나는 진정으로 실패의 두려움에서 벗어나기 위해서는 조금은 다른 관점이 필요하다고 생각한다. 그냥 '실패해도 괜찮다'라는 생각이 필요하다. 이게 끝이다. '이겨 내고, 극복하고, 뭘 배우고 넘어서고, 용기를 가진다'가 아니다. 그냥 '실패해도 괜찮다', 아니 '실패가 아닌 그냥 무언갈 하는 과정이구나'라고 인식할 필요가 있다. 실제로 그렇다. 실패했다는 것은 성공하기 위해 무언갈 시작했고 지금 하고 있는 과정이라는 것이다.

내가 이직이라는 용기를 낼 수 있었던 것은 이러한 마음가짐 덕이었다. 내게는 사실 용기가 아니었다. 그냥 난 살아가기 위해 공직에 들어왔고 또 그다음 해야 할 일인 이직을 하는 것이다. 이렇게 생각하고 나니 마음

5급 사무관을 때려치우다

이 편해졌다. 공무원을 한 것도 내 실패가 아니고 나중에 결과가 안 나와도 이직이 내 실패가 되는 것은 아니다. 내 삶을 살아감에 있어서 그냥 지나가는 한 과정일 뿐이다.

더 나아가 나는 실패를 의식할수록 실패에서 벗어날 수 없다고 생각한다. 사람은 실패를 의식할수록 실패를 피하기 위해 완벽한 상태에 집착하게 된다. 완벽하게 목표를 이룬 모습, 완벽한 결과물에 집착하게 된다. 그러나 우리는 현실 속에서 '완벽'이란 사실상 존재하지 않는다. 어느 정도 결과가 나와도 내가 이상적으로 생각한 '완벽'에는 못 미친다. 이렇게 보면 사실 삶의 모든 순간이 실패가 될 수밖에 없다. 목표로 한 '완벽'에 도달하지 못하는 순간만 가득할 것이니 말이다.

그래서 실패를 의식하지 말고 내려놓아야 한다. 실패를 실패가 아닌 그냥 어딘가로 향하는 과정이라 생각하고 내려놓아야 한다. 그러면 '완벽'한 결과물이 아닌 '무언가를 하는 지금'이 목표가 될 수 있다. 이렇게 된다면 나는 무언가를 하기만 하면 항상 목표를 달성할 수 있다. 아까와는 반대로 삶의 모든 순간이 성공이 될 수 있는 것이다. 목표로 한 '무언가를 하는 지금'에 도달한 순간만 가득할 것이니 말이다.

나도 이전에는 나 자신이 완벽히 준비된 상태에서만 일을 할 수 있다고 생각했지만, 이제는 다르다. 완벽한 성공이 목표가 아니기 때문이다. 매 순간 무엇인가를 시도하고 해 나가고 부족하더라도 무언가를 해 나가는 것이 내 목표다. 만약 누군가 그것은 결국 결과를 내지 못한 실패라고 부른다면 내 목표는 실패의 연속이다. 나는 실패해도 괜찮다.

행복이란 무엇인가?
이 답도 없는 질문에 대한 발버둥

○

'행복이란 무엇인가?'라는 질문을 보면 어떠한 생각이 드는가? 너무 닳고 닳은 질문이면서 질문 자체가 명확할 수 없는 난제다. 행복이 무엇인지조차 명확하지 않기 때문이다. 그리고 이 질문은 내 인생에 있어서 언제나 곁에서 날 괴롭혀 온 질문이다. 사실 행복한 순간에는 이 질문이 떠오르지 않는다. 그럴 필요가 없기 때문이다. 지금 불만 없고 행복한데 저런 쓸잘머리 없는 질문이 떠오를 이유가 없다. 저 질문이 떠올랐다는 건 애초에 지금 행복하지 않고 불만이 많은 것이다. 그러니까 저 질문이 나를 언제나 곁에서 괴롭혀 왔다는 말은 사실 틀린 말이다. 괴롭기 때문에 저 질문이 그때 곁에 있었던 것이다.

정말 행복한 어린 시절에는 저 질문이 머릿속에 없었다. 숨만 쉬어도 행복했고 오늘 눈을 뜨는 것이 그냥 즐거웠던 어린 시절에는 말이다. 하지만 어느 순간 내 머릿속을 가득 채운 질문이 되었다. 그리고 나는 이에 대응하기 위해서 다양한 대답을 내놓아 보았다. 그리고 다양한 책들을 읽고 다양한 의견을 들어 보았다. 그 모든 의견과 생각들을 접할 때면 처음에는 '아, 이거지. 이게 행복에 대한 설명이지!' 싶다가도 또 어느 순간이 되면 의심이 싹텄다. 반대로 처음에는 '이게 무슨 헛소리야!' 싶다가도 어느 순간이 되면 '어? 그럴듯한데?'라는 생각이 싹트기도 했다. 나 스스로도 이 문제에 대한 정리를 하려고 5년마다 이 질문에 대해 답을 하기도 한다. 그냥 혼자서 끄적이듯 간단한 글로 정리를 해 두는 수준이다.

사실 이 답도 없는 질문은 평생 죽을 때까지 내 곁에 있을 것 같다. 답을 쉽게 내릴 수도 답이 존재하는지도 모르는 질문이라고 생각이 들기 때문이다. 행복은 사랑인가, 만족인가, 감사인가, 내가 좋아하는 것을 하는 건가, 불편함이 없는 상태인가, 건강인가, 인정받음인가. 수많은 답과 의견들이 있지만 무엇 하나 맞는다고 느껴지지 않는다. 그렇다고 완전히 틀렸다고도 느껴지지 않는다. 맞지만 맞지 않는 그 찝찝함도 사실 이 질문을 다루기 싫은 이유 중에 하나다. 모두가 의견이 다르니까 엄청난 진흙탕 싸움이 벌어지기 딱 좋은 질문이다.

이렇게 다루기 어렵고 다루고 싶지 않은 질문을 꺼낸 이유가 있다. 최근에 이 질문에 대한 나름 정리된 대답이 떠올랐기 때문이다. 물론 '정답'은 아니다. 단지, 이 질문에 관심이 많은 한 개인의 의견일 뿐이다. 이 대답의 내용 자체는 그렇게 길지는 않다. 애초에 간단하게 정리했기 때문이다. 나는 행복을 '삶의 자각'의 또 다른 표현이라고 생각한다. '행복하다'라는 말은 '삶을 자각하고 있다'라는 말과 비슷하다고 생각한다. 그리고 '불행하다'라는 말은 '삶을 자각하고 있지 못하다'와 비슷하다고 생각한다.

사실 이 대답에는 전제가 하나 있다. 바로 '삶은 무의미하다'는 명제다. 삶이 무의미하기에 우리는 의미를 부여하려하고 삶의 이유를 찾으려고 몸부림친다. 하지만 그래도 무의미하고 부조리하고 고통뿐이다. 이러한 전제 속에서 나온 대답임을 확실히 하고자 한다. 이 전제에 동의하지 못한다면 사실 저 대답도 흘려들어도 된다. 이렇게 무의미한 삶이지만 우리는 가끔 어느 순간에 삶을 살고 있다고 자각하는 순간이 있다. 그리고 그때 말로 표현할 수 없는 고양감과 흥분에 휩싸인다. 나는 이것을 행복이라 생각한다. 사랑하는 사람과 데이트를 할 때, 내가 좋아하는 게임을 할 때, 시험에서 붙었을 때, 고민하던 문제가 풀렸을 때, 운동이 잘되었을 때 등 삶의 다양한 순간에 우리는 이러한 경험을 한다. '아, 이게 사는 거지', '크, 살맛 난다'와 같은 순간이 이런 순간 중 하나다. 이렇게 스스로 무의미한 삶 속에서 삶을 살고 있다고 자각할 때 느끼는 감정을 우리는 행복이라 부르는 것이 아닐까 하는 생각이 들었다. '왜 사냐?'라는 질문에도 우리는 보통 '행복하니까' 혹은 '행복한 순간이 존재하니까'와 같은 행복과 관련된 대답을 하곤 한다. 조금 비틀어서 생각해 보면 이는 애초에 무의미한 삶의 이유를 자각한다는 것을 행복과 무의식중에 동일시하고 있는 것은 아닐까 추측해 보기도 했다.

그냥 나만의 추론이고 재미있는 하나의 가설에 지나지 않지만 최근 이러한 경험이 많아져서 개인적으로는 이 대답이 맘에 든다. 반대로 행복하기에 삶을 자각하는 것일 수 있다. 하지만 그만큼 어쨌든 행복과 삶의 자각은 먼 거리에 있는 것은 아니라는 생각이 든다. 이 책을 쓰는 순간 나는 행복하다. 그만큼 지금 내가 삶을 자각하고 있다.

내향적인 성격은 변해야 하는가?
아니! 내향적이어도 괜찮다

합격 후 모든 것이 새로워지면서, '새로운 나'를 만들어 보겠다는 마음이 들었다. 나를 둘러싼 환경이 변하면서, 그에 맞게 내 모습도 변화시키고 싶었다. 나의 본질은 여전히 혼자 있는 것을 선호하는 내향적 성격이지만, 이 기간 동안만큼은 외향적인 사람처럼 행동해 보고자 했다. 나는 마치 사회적 실험을 하는 사람처럼, 평소에는 절대 하지 않을 행동을 시도하기 시작했다. 사람들이 모이는 자리에서 적극적으로 이야기를 이끌고, 먼저 다가가 인사도 하고, 작은 농담도 던지며 분위기를 주도했다.

그 결과로 나에 대한 사람들의 인식이 조금씩 바뀌기 시작했다. 언제나 조용하고 분석적인 사람으로만 보았던 사람들이 나를 에너제틱하고 밝은 사람으로 여기기 시작한 것이다. MBTI로 설명하자면 INTJ인 내가 ENFJ라는 말을 듣기까지 했다. 이때 나는 모종의 기쁨을 느끼기도 했다. 내가 조금만 노력하면 사람들에게 이런 이미지로 다가갈 수도 있구나 하는 점에서였다. 그러나 그 기쁨은 오래가지 않았다. 내가 느낀 것은, 내 외형이 바뀐다고 해서 내 본질이 바뀌는 것은 아니라는 점이었다.

겉모습만 바꾸는 것이 이렇게 큰 스트레스를 유발할 줄은 몰랐다. 하루종일 사람들과 어울리며 웃고 떠드는 것 자체가 내게는 고역이었다. 나는 사실 사람들과 어울리는 것보다 혼자 시간을 보내며 책을 읽거나 생각에 잠기는 것을 좋아하는 사람이었다. 그런데도 나와 다른 모습으로 사람들에게 다가가는 것 자체가 큰 에너지 소모를 불러일으켰다. 내 안에서 쌓여 가는 피로는 매일매일 조금씩 더 커졌다. 처음에는 내가 잘해낼 수 있을 거라고도 생각했다. 나도 남들처럼 어울릴 수 있고, 필요하다면 얼마든지 분위기를 맞추고 살아갈 수 있다는 자신감으로 가득 차 있었다. 실제로 능력은 가득했으나 내가 그 행동을 하는 것이 힘들고 싫은 것은 다른 문제였다.

이런 모순된 내 모습을 느낄 때면 스스로에게 다시 질문을 던졌다. "왜 나는 이토록 나 자신을 바꾸고 싶은 걸까?" 사실 나는 내가 내향적이라고 자각했지만 앞으로의 삶을 살기 위해서는 반대되는 면도 필요하다고 느껴서 이러한 행동을 한 것이다. 그러니 가능한 한도까지는 이러한 실험을 계속해서 내 능력과 실제 모습을 증명할 필요가 있었다.

그때의 나는 나 자신에게 도전하는 것처럼 이 사회적 활동들을 강행했다. 아니, 다르게 표현하면 그냥 스스로를 실험체로 쓰는 미친 과학자였다. 내가 싫어했던 단체 친목에 뛰어들고, 어색한 상황에서도 목소리를 높여 가며 사람들과 섞여 보려 했다. 나 역시 다른 사람들처럼 즐겁게 지낼 수 있다는 것을 증명하고 싶었던 것이다. 아니, 증명해야 했다. 내가 앞으로 살아갈 인생에 있어서 내게 필요한 능력이니까 말이다. 그리고 스스로 내성적이라 판단했던 나의 성격이 진짜인지, 혹은 그 동안 그냥 그렇게 알고 그렇게 살아와서 그런 것인지를 확인하고 싶었다.

그러나 이러한 끔찍한 사회실험 끝에 남은 것은 공허함뿐이었다. 모임이 끝나고 집에 들어와 혼자 있을 때마다, 나는 끊임없는 소모감과 함께

5급 사무관을 때려치우다

혼란스러웠다. 그렇게 열심히 사람들과 어울리고 떠들면서 에너지를 쏟아붓고 난 뒤, 나에게 남은 것은 텅 빈 공허함뿐이었다. 더불어 내 진정한 자리, 나의 본모습이 무엇인지를 고민하게 되었다. 이러한 고민과 실험의 시간을 약 1년 반 동안 지속하고 나서 드디어 결론을 내렸다. 나는 미래에 필요한 역량을 가지고 있다. 충분히 사람들과 어울리고 재미있게 잘 지낼 수 있다. 하지만 지속할 수는 없다. 그리고 스스로를 소모하면서까지 다른 사람들과 어울릴 필요는 없다. 나와 맞지 않는 환경에서 억지로 행동하려 하는 것은 결국 나를 지치게 만들고, 내 안의 평온을 깨뜨리는 결과를 낳는다는 점이었다. 아무리 필요한 능력이지만 결국 내가 힘들고 불행하면 무슨 의미가 있는가.

그렇게 유예 기간 동안 나와 맞지 않는 '새로운 나'를 시도해 본 결과, 나는 더욱 확실하게 내 본래의 성격과 에너지를 알게 되었다. 나를 숨기지 않고 내가 하고 싶은 대로 살아가는 것이 가장 나다운 모습이라는 결론에 이르렀다. 사람들과 어울리기 위해서는 나 자신을 바꾸는 것이 아니라, 내 모습 그대로 받아들이는 것이 중요하다는 것을 깨달았다. 사람들과 잘 어울리는 능력이 중요한 것은 알지만, 그것이 나의 모든 에너지를 소모시켜 나를 방황하게 만드는 일이라면 나는 이제 그럴 필요가 없다고 느꼈다. 그저 내 모습대로, 내 속도대로, 내 방식으로 나아가는 것이 나를 더욱 온전하게 만들어 주는 길임을 알았기 때문이다.

이제는 내가 사람들과의 관계에서 어떻게 에너지를 소모하는지, 그리고 그것이 나에게 어떤 영향을 미치는지를 깨닫게 되었다. 단지 새로운 사람들과 어울리며 활발한 모습을 보인다고 해서 내 자아가 근본적으로 바뀌는 것은 아니라는 것을 말이다. 어울릴 수는 있지만, 결코 지속 가능하지 않았다. 결국 나의 본모습은 여전히 혼자 있을 때 더 편안함을 느끼는, 조용하고 내향적인 사람이라는 점을 인정하게 되었다. 당신은 나를 어떻게 볼지 모르겠지만 나는 내향적이다. 그래도 괜찮다.

이론과 실전의 차이,
삶이 계획대로 된다고?

○

내 인생을 돌아보면, 나는 항상 시뮬레이션을 돌리고, 분석하고, 가능성과 효율성을 따져 보고 난 뒤에야 행동에 나서는 사람이었다. 과학고와 공대를 거치며 이러한 성향은 더 강화되었다. 세상을 0과 1로 나누고, 모든 것은 맞고 틀린 것, 혹은 백으로만 이루어져 있는 듯이 생각했다. 이런 접근은 수학과 과학에서는 유용했지만, 사회와 현실에서는 전혀 맞지 않는 방식이었다. 세상은 그렇게 명확하지 않았고, 늘 예측할 수 없는 요소로 가득 차 있었다. 내가 이론적으로 옳다고 믿는 것이 현실에서는 아무런 의미가 없을 때도 많았고, 그런 충돌이 나를 힘들게 했다. 내가 믿고 있던 세계는 마치 책 속에만 존재하는 세상이었다.

과학고와 공대를 거치며 자연스럽게 익숙해진 것은 논리적이고 체계적인 사고였다. 내 머릿속에는 늘 시뮬레이션이 존재했고, 상황을 가정하고 시나리오를 돌려 보고, 위험을 피할 방법을 계산했다. 만약 어떤 계획이 결과적으로 실패할 가능성이 크다면 애초에 시도조차 하지 않는 것을 택했다. 나는 머릿속에서 이미 시나리오를 구축한 뒤, 결과가 마음에 들 때만 움직였다. 이론적으로 완벽하지 않으면 나서지 않는 것이 나의 방식이었다.

이렇게 안전하고 체계적인 방식은 내게 큰 편안함을 주었다. 내가 모든 것을 통제하고, 예측 가능한 범위 안에서 움직이는 기분이었다. 내가 원하는 상황과 결과를 설정하고, 시뮬레이션을 돌리면서 성공할 확률을 높이는 것은 일종의 중독이었다. 그런데 시간이 지날수록, 그리고 사회에 나오면서, 내가 살아가야 할 실제 삶은 예측 불가능한 변수들로 가득 차 있다는 사실을 깨닫게 되었다.

처음 사회에 나왔을 때 나는 충격을 받았다. 내가 알던 세상은 명확했다. 아니, 세상은 명확해야만 했다. 어떤 것이 옳고, 어떤 것이 틀렸는지 판단할 수 있어야 했다. 그러나 현실 사회에는 그 중간 지대가 너무나 많았고, 흑백으로 구분할 수 없는 수많은 회색 지대가 있었다. 아니, 전부 회색이라는 생각이 들었다. 정해진 답이 있는 것이 아니라 그저 상황에 맞게 유연하게 대처해야 한다는 사실은 나를 고통스럽게 했다.

모든 선택이 옳은 것도 아니고, 그렇다고 완전히 틀린 것도 아닌 복잡한 상황들 속에서 나는 당황스러움을 느꼈다. 공직이라는 조직은 특히나 이런 면에서 더더욱 신중함을 요구했다. 하나의 결정이 수많은 사람에게 영향을 미치고, 그 결정의 무게는 생각보다 훨씬 무거웠다. 그리고 확실하게 옳고 그름이 존재할 수 없었다. 그렇기에 나는 순간순간 느낄 수 있었다. 이 조직에서 내가 추구하는 논리와 확실성은 오히려 장애물이 되었다는 사실을 말이다.

이때부터 나는 다르게 살아야 한다는 것을 느꼈다. 인생은 내 시뮬레이션대로 흘러가는 곳이 아니다. 나를 둘러싼 세상은 너무 복잡하고 나는 부족하다. 이런 삶 속에서 확실한 시뮬레이션 결과가 나오지 않으면 움직이지 않던 나의 신중함은 나에게 독이었다. 나 자신을 행동의 제약

5급 사무관을 때려치우다

속에 가두어 두었다. 심지어 첫 직장인 공직에서는 안정과 조심성을 우선으로 삼다 보니, 내가 직접 나서서 무언가를 시도하고 변화를 주도하는 것보다, 더더욱 계획과 분석에만 치중하게 되었다.

하지만 이직과 함께 나는 이런 사고방식을 벗어던져 나가고 있다. 나는 이제는 행동이 말을 앞서도록 하고 싶다. 언행일치가 아니고 아예 행동이 말을 앞서 나가고 싶다. 머리로 시뮬레이션을 돌리기보다 먼저 발을 움직이고, 상황에 부딪히며 스스로를 발견해 가고 싶다. 이론적 완벽함을 추구하던 나에서 벗어나, 불완전한 상태로라도 나아가며 내 한계를 뛰어넘고자 한다.

하지만 행동이 앞선다고 해서 무모하게 덤비겠다는 것은 아니다. 오히려 행동을 제대로 하기 위해서는 철저한 준비가 필요하다는 것 또한 깨달았기 때문이다. 내가 준비되지 않은 채로 무작정 행동에 나선다면 그것은 또 다른 실패로 이어질 가능성이 크다. 그래서 나는 행동을 앞세우면서도, 그 행동에 맞는 준비와 능력을 함께 갖추기 위해 노력하고 있다.

행동하기 위해서는 단순히 계획을 세우는 것에서 그치지 않고, 실제로 그 계획을 실현할 수 있는 역량을 길러야 한다. 나는 이제 생각만 하는 사람이 아니라, 그 생각을 행동으로 옮길 수 있는 사람이 되기를 바라고 있다. 내가 가진 지식과 경험을 실제 상황에 맞게 변용할 수 있는 실질적인 능력을 쌓는 것이 중요하다. 그동안 내가 구축한 이론과 분석력을 바탕으로, 이제는 그것을 현실에서 실현하는 방법을 터득해 나가고자 한다.

나의 시뮬레이터적인 성향은 내 삶에 많은 안전망을 주었지만 동시에 많은 것을 포기하게 했다. 내게는 용기가 부족했을 수도 있다. 그러나 이제는 그러한 성향을 조금씩 넘어서고 싶다. 행동을 앞세운 삶은 나에게 불편하고 불안한 부분이 많겠지만, 그 과정에서 나는 더 많은 것을 배울 수 있을 것이다. 나의 생각과 말만으로는 결코 알 수 없었던 것들이 행동으로 직접 경험하면서 쌓여 갈 것이기 때문이다. 이제 나는 일단 해 보고, 그 속에서 배워 가자는 마음가짐으로 살아가고자 한다. 완벽한 계획과 완벽한 분석보다는, 경험을 통해 얻는 지혜가 내게 더 많은 것을 가르쳐 줄 것이라는 믿음을 가지고 있다. 실수를 통해 배울 수 있는 것들이 있고, 잘못된 선택에서 얻을 수 있는 교훈들이 분명히 존재한다.

앞으로의 나의 삶은 계획과 시뮬레이션을 넘어, 그저 한 발을 내딛는 것에서 시작할 것이다. 그 길이 어디로 이어질지는 아직 알 수 없지만, 무언가를 경험하고 그것을 내 것으로 만들어가는 과정 자체가 나에게 소중한 의미를 줄 것임을 믿는다. 삶이 계획대로 된다면 계획이 맞았음에 행복을 느끼고, 계획대로 되지 않는다면 예상치 못한 것들에 설렘과 행복을 느끼면 된다. 그러나 보통 삶은 계획대로 되지 않는다. 그렇기에 더 살아갈 가치가 있다고 생각한다. 결말을 알고 있는 책이나 영화는 재미가 반감되지 않는가.

꼭 모두가 정상일 필요는 없다.
비정상이어도 괜찮다

어릴 때부터 나는 스스로를 '정상'이라고 생각했다. 내 인생은 평범했고, 평범한 삶을 사는 것이 목표였다. 주위 사람들처럼 공부하고, 사회에 나가고, 어느 정도의 안정감을 갖춘 일자리를 찾아가는 것. 나 역시 그렇게 살아가며 내가 특별하다고 느낀 적은 없었다. 그러나 시간이 흐르고 사회에 나가며 많은 사람들을 만나게 되면서, 나는 점점 내가 '다른 사람'들과 다르다는 것을 느끼기 시작했다. 그것은 긍정적인 의미는 아니었고, 스스로 느끼기에도 낯설고 당황스러운 깨달음이었다. 나는 다르다는 사실을 깨닫고 나서야, 나의 진정한 모습과 마주하게 되었다.

어떤 사람들은 나를 특별하다고 말했지만, 나는 그 말이 꼭 좋게 들리지는 않았다. 나는 사람들이 말하는 '특이한 사람'이 아니라 그저 평범하게 살고 싶었고, 그 길에서 벗어나는 것이 불안하고 부담스러웠다. 고등학교에 들어가면서부터 "너는 좀 다르다"라는 말을 자주 듣게 되었고, 대학에서도 마찬가지였다. 그러나 나는 그 말이 무언가 나쁜 뜻은 아니라는 것을 알면서도 마음 한구석이 불편했다. 그냥 다른 사람들처럼 평범하게 살면 된다고 생각했기 때문에, 사람들이 나를 '다르다'고 여기는 시선이 불안하게 느껴졌다. 그래서 나는 그 다름을 숨기고, 사람들에게 맞추며, 스스로를 더 '정상적인' 사람처럼 보이도록 노력했다.

그러나 스스로를 속이고 살아가는 것이 얼마나 피곤한 일인지, 그리고 그것이 나를 얼마나 힘들게 만들고 있었는지 깨닫게 되기까지는 오랜 시간이 걸렸다. 다른 사람들의 기준에 맞춰 사는 것이 정상적이라면, 그 기준에 나를 맞추기 위해 나의 진짜 모습을 숨겨야 한다면, 나는 행복해질 수 없다는 것을 조금씩 깨달았다. 나는 남들과는 다른 방식으로 세상을 바라보고, 내가 진정 원하는 것은 그들이 추구하는 것과는 다를 수도 있다는 것을 알게 되었다. 내가 원하는 삶은 '정상'의 범주를 벗어날지도 모르겠지만, 그 삶이 내게는 더 솔직하고 더 진실하게 다가왔다.

공직에 들어가고 나서도 나는 여전히 '평범하게' 살려고 애썼다. 다른 사람들과 어울리며 그들처럼 생각하고, 그들처럼 일하며, 그들처럼 살아가려 했다. 그러나 그럴수록 나 자신을 더 잃어 가는 기분이 들었다. 평범해 보이는 그 삶이 내게는 오히려 더 불안정하고 비정상적으로 느껴졌고, 그 틀에 갇혀 있는 것이 나에게 맞지 않는다는 사실을 마주해야만 했다. 다수가 정답이라고 여기는 삶의 방식이 반드시 나에게도 정답이 되는 것은 아니었다. 나는 그 '정상적'이라는 틀 속에서 조금씩 무너지고 있었다. 나의 진짜 모습을 숨기고, 사회가 원하는 모습에 맞추려 애쓰는 것이 나를 점점 더 지치게 만들었다.

내가 비정상이라는 사실을 인정하는 데까지는 많은 시간이 걸렸다. 오랫동안 나는 남들과 같지 않다는 것을 숨기고 살아왔고, 내가 진정으로 원하는 것보다는 사회가 기대하는 모습에 맞추어 살아왔다. 그러나 결국에는 더 이상 나 자신을 속일 수 없게 되었다. 나는 내가 좋아하는 방식으로 생각하고, 내가 원하는 방향으로 살고 싶었다. 그러기 위해서는 내 '비정상성'을 받아들여야 했다. 나는 더 이상 정상적인 틀 안에서 살아가기를 거부했다. 내가 비정상이라면 그 비정상적인 모습으로 살아가며, 나답게 살아가기를 원했다.

사람들이 흔히 정상이라고 여기는 기준에서 벗어나니, 오히려 편안해졌다. 더 이상 다른 사람들의 기대에 맞추기 위해 나를 억누르지 않아도 되었고, 내가 느끼는 감정에 솔직할 수 있게 되었다. 내가 비정상이라는 것은 이제 더 이상 숨기고 싶은 사실이 아니라, 오히려 자랑스러운 부분이 되었다. 나는 내가 가진 독특한 관점과 가치관을 인정하고, 그것을 바탕으로 삶을 살아가기로 했다. 비정상이라는 틀 안에서 오히려 나만의 자유를 찾을 수 있었다.

나의 비정상성은 사실 내가 진정으로 살아 있음을 느끼게 해 주는 부분이기도 했다. 남들과 똑같이 살지 않는다는 것, 남들이 생각하는 이상적인 삶의 방식을 그대로 따르지 않는다는 것이 나를 진정한 나로 만들어주었다. 나는 더 이상 다른 사람들의 기준에 나를 맞추지 않으며, 스스로 세운 나만의 기준에 맞춰 살아가고자 한다. 내가 비정상이라는 사실은 오히려 나의 고유함을 만들어 주는 중요한 요소였고, 그것을 인정하고 받아들일 때 비로소 내가 원하는 삶을 살 수 있었다.

이제는 나 자신에게 물어본다. 왜 꼭 '정상'이어야 할까? 왜 사회가 만들어 놓은 기준에 스스로를 가두려 했을까? 나는 나 자신이 고유한 개성을 가진 사람이라는 것을 받아들였다. 이제는 더 이상 남들이 원하는 내 모습에 맞춰 살지 않는다. 나는 나의 비정상성을 소중히 여기고, 그것을 내 삶의 일부로 받아들인다. 정상과 비정상의 경계를 떠나, 나는 나답게 살아가는 길을 선택했다.

이 결론에 도달하기까지는 시간이 걸렸고, 그 과정에서 많은 혼란과 불안이 있었다. 그러나 이제는 내가 누구인지, 그리고 내가 어떤 방식으로 살아가고 싶은지 분명해졌다. 나는 비정상이라는 사실을 숨기지 않는다. 오히려 그 비정상성이 나의 특별함이고, 나만의 색깔을 만들어 주는 중요한 부분이라고 믿는다. 내가 비정상이라는 사실을 인정하고 나니, 비로소 진정으로 자유로워질 수 있었다.

사실 아이러니하기도 하다. 나는 스스로 정상이라 생각하고 정상이고 싶었는데 나를 비정상으로 만든 것은 타인이기 때문이다. 결국 어떻게 보면 타인이 정해 준 대로 사는 것일 수도 있다. 근데 정상, 비정상이 중요한 것이 아니라는 말을 하고 싶다. 나답냐 나답지 않냐가 있을 뿐이다. 나는 정상이다. 그러면서 동시에 비정상이다. 그래서 무엇이든 상관없다. 나는 그냥 나이기 때문에 괜찮다.

진정한 노력이란?
익숙지 않은 것을 해 보기

'노력'이라는 말을 우리는 어릴 때부터 듣고 자란다. 많은 이들이 인생에서 이루고 싶은 목표가 있을 때 이를 위해 '열심히 노력하라'고 조언한다. 그런데 가끔 스스로에게 물어본다. "과연 무엇이 진정한 노력일까?" 고시를 준비할 때도, 공무원 생활을 시작할 때도 나는 나름의 노력으로 결과를 이루어 냈다. 그러나 돌이켜보면, 내가 진정 노력했던 것은 맞는가 하는 의문이 든다. 익숙한 길, 해 왔던 방식을 답습하는 것만으로는 나를 성장시키기에는 부족했던 것은 아닐까.

처음에는 이 질문이 그저 의심처럼 지나갔지만, 공직 생활을 하면서 점점 선명해졌다. 변화의 계기를 맞아 새로운 길을 고민하던 순간들, 즉 공직을 벗어나기로 결심했을 때, 나는 진짜로 노력해야 하는 지점이 어딘지를 깨달았다. 같은 길을 반복하며 더 나은 성과를 내는 것도 물론 의미가 있다. 하지만 나에게는 안주와 다름없었다. 그보다 중요한 것은 그동안 익숙하지 않았던 길을 스스로 개척하며, 새로운 환경에 도전해 보는 것이었다. 그것이 나에게 진정한 '노력'이었다.

하던 일을 반복하는 것은 이미 익숙해진 환경에서의 '노력'일 뿐이었다. 공직에서도 맡은 바를 더 효율적으로 수행하려고, 더 꼼꼼하게 준비하고 배워 나가려고 노력했지만, 사실 그 과정은 내게 이미 익숙한 틀 안에서만 이루어졌다. 변화를 만들기 위해, 그리고 내가 더욱 성장하기 위해서는 내가 지금까지 경험해 보지 않았던 새로운 길에 도전해야 했다. 나의 한계를 뛰어넘기 위해서는 과거와는 다른 방향으로, 미지의 영역으로 나아가는 노력이 필요했던 것이다. 하던 대로 하는 노력은 나에게는 그 의미가 옅어졌다.

새로운 일을 시작하고, 기존의 안정된 길을 내려놓는 것은 말처럼 쉬운 일이 아니었다. 내가 그동안 공직에서 쌓아 온 모든 것을 내려놓고, 전혀 다른 분야에 뛰어드는 것은 두려운 일이었고, 많은 불안이 뒤따랐다. 그럼에도 불구하고, 내가 해 보지 않았던 방향으로 나아가는 일이야말로 진정한 '노력'이라는 생각은 나를 다시 일으켜 세웠다. 내가 지금껏 해 오던 일만을 반복했다면, 내게 주어진 가능성은 그저 안전한 테두리 안에서 머물렀을 것이다. 그 경계를 벗어나는 것, 더 이상 익숙하지 않은 영역으로 한 발 내딛는 것이야말로 내 진정한 성장의 길이었다. 하던 대로만 하는 노력은 결국, 내 안의 한계를 다시 확인하는 것에 불과하다. 나에게 진정한 노력은 안주하지 않는 데 있었다. 더 어려운 환경, 더 큰 불확실성 속에서 나 자신을 발견하고, 새로운 방법을 배우는 일이 필요했다. 그 속에서 깨달았다. 변화하는 세상에서 살아남기 위해서는 과거의 방식으로는 부족하다는 것을. 과거의 성공 방식에 머무르기보다는 지금 내게 맞는 새로운 노력이 필요했다. 그것이 안 하던 일을 시작하는 것, 내가 갈 수 있다고는 생각조차 하지 못했던 길로 나아가는 것이었다.

나에게 있어서 '안 하던 일을 하는 것'은 곧 스스로에게 새로운 가능성을 부여하는 일이었다. 내게 맞는 환경에서 편안함을 추구하는 것은 누구에게나 익숙하고 쉽게 느껴질 수 있다. 하지만 그러한 익숙함은 종종 성장의 정체를 가져온다. 그러므로 나는 이직을 결심하면서 나 자신에게 물었다. "나에게 진정한 도전은 무엇인가?" 그리고 나는 그동안 해 보지 않았던, 새로운 가능성을 발견하기 위한 노력을 다짐했다.

안 하던 일을 시작하는 것은 생각보다 많은 용기가 필요한 일이었다. 내가 이 일을 잘할 수 있을지, 전혀 경험해 보지 못한 영역에서 내 능력을 어떻게 발휘해야 할지 모르는 상태에서 시작하는 것은 두려움을 불러 왔다. 그럼에도 불구하고 나는 그 길을 선택했다. 익숙한 성공 대신, 낯선 실패와 맞닥뜨리더라도 성장의 가능성이 있는 길을 가기로 했다. 이제는 목표가 아니라, 목표로 향하는 '과정'에서 더욱 의미를 찾고자 했다. 노력은 정해진 결과물을 얻기 위한 도구가 아니라, 스스로를 계속해서 성장시키는 과정이라는 것을 깨달았다.

물론 자신의 기존 영역에서 계속적으로 스스로를 시험하고 발전하는 것 또한 노력이고 쉽게 달성할 수 없는 엄청난 일이라 생각한다. 하지만 나라는 사람의 특성상 변하지 않는 곳에서 계속해서 집중력을 유지한다 는 것이 힘들었다. 오히려 타성에 젖고 자리의 유지나 변하지 않기 위한 것에 집중해서 본질을 잊어버릴 것 같다는 생각이 들었다. 고인 물은 썩 는다고 하지 않는가. 고인 물이 썩지 않기 위해서 해야 하는 노력의 크기 를 알기 때문에 나는 고인 물보다는 흐르는 물이 되고 싶었고 그러한 노 력이 스스로 진짜 노력이라고 생각하게 되었다. 이건 사람이기에 어쩔 수 없는 것 같다. 내가 성인이나 현자가 아니기에 고이면 썩게 되는 것이 당연하다. 평범한 사람이라면 모두 그럴 것이다. 하던 관습에 익숙해져 서 안주하게 되는 그림이 말이다. 난 스스로가 뛰어난 사람이 아니라고 생각했기에 나를 변화하는 환경에 내던진 것이다. 그렇게 하지 않으면 나라는 평범한 사람은 결국 썩어 갈 테니 말이다.

결국 평범한 사람에게 있어서 진정한 노력은 과거의 성공을 반복하는 데 있지 않다. 진정한 노력은 내가 아직 가 보지 않은 길로 나아가려는 시도, 더 나은 나 자신을 위해 새로운 것을 시도하는 용기에서 나온다. 그리고 이러한 진정한 노력을 하기 위해서는 사실 기존에 해 오던 영역을 잘해 왔어야 한다. 해야만 하는 기존 영역도 제대로 하지 못하고 진정한 노력이랍시고 새로운 것을 하는 것은 그냥 변덕이고 회피일 뿐이다.

지금까지 내가 쌓아 온 경력을 버리고 다른 길로 나아가는 과정에서, 나는 진정한 노력을 배우고 있는지도 모른다. 그래서 나는 '지금 와서 뭐 하는 거냐'. 할 만한 일들도 두려워하지 않고 경험해 보려 한다. 그러한 시도를 하는 것 자체도 내게는 많은 에너지를 소모하고 시간을 소모하지만 그러한 진정한 노력이 내게 많은 것을 안겨 주고 있다고 생각한다. 앞으로도 안 하던 일을 마주할 때마다 그 속에서 성장과 배움을 발견하며 불편하더라도 깨지더라도 도전하면서 또 다른 나를 만나고 싶다. 그것이 내가 선택한 길이며, 내가 진정으로 바라는 '노력'의 의미다.

남이 만들어 준 목표?
스스로 세운 목표의 중요성

어릴 때부터 우리는 항상 어떤 목표를 품고 달려왔다. 그 목표가 학업의 성취든, 직업적 성공이든, 내 인생에서 이루고자 하는 일이든 간에, 우리는 누군가 앞서간 사람들의 발자취를 보고 따라가기를 꿈꾼다. 내가 어린 시절부터 품었던 동경의 대상들 역시 그랬다. 과학고에 입학했을 때, 대학에 들어갔을 때, 그리고 공무원 시험을 준비하면서도 그랬다. 그들의 자리에 가기만 하면 나도 언젠가 그들처럼 성공한 인생을 살게 될 거라고 생각했다. 하지만 막상 그 자리에 서 보니, 어릴 적 동경의 대상들이었던 그들이 이제는 아무것도 아닌 것처럼 보였다. 내가 동경했던 모든 것이 그 자리에 서는 순간 희미하게 사라졌다.

처음으로 느꼈던 동경은 아마 과학고에 진학했을 때였을 것이다. 그곳에 가면 내가 상상했던 '천재들'의 세계가 열릴 줄 알았다. 내 주변에서 선배들이 공부하는 모습, 연구에 몰두하는 모습이 그렇게 대단해 보였다. 그들은 내가 그토록 되고 싶었던 과학자가 될 수 있는 사람들처럼 보였고, 그들이 있는 자리에 가면 나 역시 '대단한 사람'이 될 것이라고 생각했다. 그러나 막상 과학고 생활이 시작되고 시간이 흐르면서 나는 내가 꿈꿨던 것과는 다른 현실에 직면했다. 내가 생각했던 '대단함'이라는 것은 그 자리에 가면 저절로 생기는 것이 아니었다. 그 자리에 가면 무언가 대단한 능력이 생기고 뿌듯한 감정이 밀려올 줄 알았지만, 현실은 아무것도 아니었다. 나는 그냥 그대로 나였다.

그 당시에는 이런 허무한 감정을 억지로 무시하려 했던 것 같다. 그렇지 않으면 내가 기대했던 것만큼 특별함을 느끼지 못하는 이유가 내가 충분히 열정적으로 살지 않아서라는 자책감에 잠길 것 같았다. 내 능력이 아닌 그냥 나의 위치가 '특별함'을 느끼기엔 아직 부족하다고 느꼈다. 그래서 다시 목표를 세우고 더 높은 곳을 바라보기로 했다. '자리가 달라지면 내게 대단함과 특별함이 생기겠지'라고 시키지도 않은 착각을 또다시 시작했다.

내 착각의 타깃은 고시 합격자였다. 고시 공부를 준비하며 만난 선배들, 수석 합격자, 그리고 현직에서 일하고 있는 이들을 보면서 그들은 내가 이룰 수 없는 어떤 성취에 도달한 사람들처럼 보였다. 특히 공무원 시험을 준비하며 본 수석 합격자나 현직자들은 나에게 그야말로 도달할 수 없는 위치처럼 보였다. 그들은 나보다 더 대단한 사람들일 것이고, 나와는 전혀 다른 능력과 사고를 지닌 특별한 사람들일 것이라고 믿어 의심치 않았다. 그래서 그들처럼 되기 위해 노력했다. 그 과정은 정말 치열했다. 그 자리에 다다르면 나도 그들처럼 멋진 사람이 되어 있을 것이라고 굳게 믿었다.

그러나 내가 그 자리에 섰을 때, 심지어 수석 합격이라는 특별한 위치에 도달했을 때, 막아 두었던 허탈감이 밀려왔다. 그 자리에 서게 되니 더 이상 그 자리가 대단하게 보이지 않았다. 나는 여전히 '대단한 사람'이 아니었다. 그냥 나였다. 어제와 하나도 다를 것 없는 나라는 사람 그대로였다. 그들이 '대단한 사람'이라고 믿었던 것은 사실 나의 착각이었을지도 모른다는 생각이 들었다. 그저 나와 같은 사람들, 나와 비슷한 과정 속에서 고민하고 방황했던 사람들이 그 자리에 있었을 뿐이었다. 내가 그 자리에 도달한 순간, 더 이상 그 자리는 특별하지 않았다. 그 자리에 올라가는 과정에서 겪었던 모든 고통과 인내가 무의미하게 느껴졌다.

내가 그토록 이상적으로 여겼던 위치들이 결국 아무 의미도 없다는 허무함을 느낄 때마다 나는 스스로에게 이렇게 질문하게 되었다. "정말 내가 그토록 동경했던 것은 무엇이었을까? 내가 추구했던 것이 진정 그 위치에 서는 것이었을까?" 나는 그저 남이 보기에 '성공적'인 것을 추구했던 것일까? 이 질문은 나를 깊은 고민에 빠지게 했다. 나는 그동안 남들이 '대단하다'고 여길 만한 것들을 목표로 삼고, 그 위치에 가기 위해 노력해 왔지만, 막상 그 자리에 도달했을 때 진정한 만족이나 성취감을 느끼지 못했다. 그것은 남들이 만든 성공의 기준에 맞추어 내 삶을 설계했던 것에 불과했다. 나는 진정한 나의 목표와 이상을 추구한 것이 아니라 남들이 만들어 놓은 '성공'의 모형에 나를 끼워 맞추고 있었던 것이다. 내가 그 자리에 도달했을 때 공허함을 느낀 이유는 아마 내가 정말로 원했던 것이 그 자리가 아니었기 때문이었을 것이다.

이런 깨달음에 도달하면서부터 나는 내 삶의 목표를 다시금 생각하게 되었다. '성공'이라는 목표 대신 나에게 진정한 의미와 가치를 주는 것은 무엇일까? 그 대답을 찾기 위해 더 깊이 파고들수록, 나는 내가 그동안 진정으로 원했던 것이 단순히 남들이 대단하다고 말하는 자리에 서는 것이 아니었음을 깨닫게 되었다. 내가 정말로 원했던 것은 그 자리에 서는 것 자체가 아니라 설령 어떠한 자리에 오르지 못하더라도 내가 정말 원하는 자리를 스스로 찾고 그곳에 가기 위해 살아가는 과정 그 자체였던 것이다.

이러한 생각의 흐름이 지나가고 나자 나는 깨달았다. 내가 공직에서 진정한 롤모델을 찾지 못했던 이유가, 그곳에 롤모델이 될 만한 사람이 없어서가 아니라 내가 원하는 가치나 자리가 공직에 없어서라는 것을 말이다. 내가 이상적으로 생각하는 삶과 꿈은 공직에 없기 때문에 남들이 목표로 하는 것을 내 목표나 롤모델로 삼아 봤자 허탈할 뿐이었던 것이다. 내가 진정 원하는 가치와 관련된 것을 내 목표로 그리고 내 롤모델로 삼지 못했기 때문에 목표를 달성했을 때 그 자리에서 느끼는 성취감 역시 공허할 수밖에 없었던 것이다. 남들이 이상적으로 여기는 목표와 위치에 서 있는 사람들이 다른 사람들의 관심을 받으니 일차원적으로 동경했을 뿐, 그 위치가 내 삶에서 진정으로 의미가 있는가를 돌아보지 않았다.

반대로 남들이 보기에는 아무것도 아니지만 스스로에게는 엄청난 감동과 성취감을 주는 순간을 경험해 본 적이 있을 것이다. 나에게는 노래를 하는 순간이 그러했다. 남이 보기엔 가수가 직업도 아니고 그냥 일반인 수준이라 아무 의미 없게 보일 수 있다. 하지만 나 스스로는 항상 고민하고 연습하던 부분이 발전하고 내 고음이 내 음색이 조금이라도 나아졌다고 느낄 때 엄청난 감동과 성취감을 느낀다. 나는 이러한 것들이 인생에서 많아져야 개인의 인생이 풍부해지고 행복해진다는 생각이 들었다. 그저 남들이 만든 길이 아닌 자신이 정말 의미와 행복을 느끼는 그런 길이 많아야 한다.

이제는 남들이 만든 길을 걸어가기보다는 나만의 길을 개척해 나가고 싶다. 나의 꿈은 남들과는 다르다. 그래서 남들이 만든 기준에 나를 끼워 맞추기보다는 나만의 기준을 세우고, 나만의 길을 개척해 나아가고자 한

5급 사무관을 때려치우다

다. 하지만 혼자 걷지는 않을 것이다. 도움을 주기도 받기도 하면서 목적지가 다를지라도 중간 일부라도 함께 걸을 수 있다면 서로 의지하며 걸어갈 것이다. 그게 정말 평범한 인생이라 생각한다. 하지만 설령 상황이 허락하지 않아 내 앞에 놓인 길이 험난하고 때로는 아무도 걷지 않는 외로운 길일지라도, 그 길을 걸어가며 나는 꿈을 이루어 가고자 한다. 지난 인생 속에서 스스로 세운 목표가 얼마나 중요한지 깨달았기 때문이다.

운의 상승과 하락, 굴곡 속에서
배우는 삶의 기술

짧고 평범한 인생이지만 그래도 살면서 한 가지 명확해진 사실이 있다. 인생은 그야말로 운의 상승과 하락의 반복이라는 점이다. 언뜻 보면, 모든 것은 자신의 노력이나 선택에 달려 있을 것 같지만, 실상은 그렇지 않다. 어떤 때는 아무리 노력해도 모든 것이 뜻대로 풀리지 않고, 반대로 마치 모든 일이 잘될 운명인 듯 일이 술술 풀리기도 한다. 결국, 인생이라는 길은 자신의 의지와는 또 별개로 상승과 하락을 주기적으로 맞이하게 되어 있다. 하지만 인간의 삶에 있어서는 의지와 선택도 중요하게 작용하기에 개인의 행동과 이러한 상승과 하락의 주기가 합쳐져 다양한 인생이 펼쳐진다고 생각한다.

운이 상승하는 시기에는 모든 것이 순탄하다. 작은 노력에도 큰 성과가 따라오고, 마치 내가 원하던 모든 것이 눈앞에 펼쳐지는 기분이 든다. 그때는 온 세상이 나를 응원해 주는 것 같고, 사방에서 좋은 기운이 모여드는 것처럼 느껴진다. 그런데, 그 상승기가 지나면 하락기가 찾아온다. 잘나가던 일이 엇박자를 내고, 주변의 응원도 시들해지며 세상이 날 버린 것처럼 느껴지기도 한다. 이러한 시기들을 반복해서 겪을 때마다 나는 인생이 마치 롤러코스터처럼 끊임없이 오르내리는, 그리고 나의 의지와 상관없이 굴곡을 그려 가는 존재라는 것을 실감하게 된다.

이 굴곡이 반복될 때, 많은 사람들은 안정적인 삶을 원한다. 마치 평탄한 들판을 걷듯이 감정의 큰 진폭 없이 안정감을 유지하며 살고 싶어 한다. 내가 왜 이런 파도를 타야 하는지, 왜 매번 힘겨운 내리막길을 겪어야 하는지 고민하고 원망하며 안정적인 삶을 원하게 된다. 나 역시 그러한 때도 있었다. 평탄한 삶이 더 행복한 것이 아닐까 생각하기도 했고, 부러워하기도 했다. 하지만, 한 가지 중요한 깨달음이 있었다. 오르막과 내리막이 반복되면서 얻게 되는 감정의 희열과 슬픔, 그리고 이를 통해 느끼는 희로애락이야말로 인간으로서 경험할 수 있는 가장 큰 선물이자 삶 그 자체라는 점을 깨달은 것이다.

이 희로애락 속에서 나는 내 삶을 더욱 깊이 이해하게 되었다. 끝이 없을 것 같은 절망도 결국은 끝나기 마련이고, 영원했으면 하는 행복의 순간도 역시 언젠가는 끝나기 마련이다. 이 사실을 받아들이는 순간, 인생의 굴곡을 조금 더 담담히 받아들이는 법을 배웠다. 처음에는 힘든 일이 닥칠 때마다 이 굴곡에서 나를 지킬 수 있는 방법을 몰라 좌절하곤 했다. 하지만 시간이 지나며 내 나름의 작은 지혜들이 생겨났고, 이는 나의 삶을 조금 더 여유롭게 만들어 주었다.

가장 먼저 깨달은 것은, 모든 것이 잘 풀리는 운의 상승기에 있을 때야말로 주위 사람들에게 아낌없이 베풀어야 한다는 사실이다. 나에게 모든 것이 잘 풀리는 순간, 흔히 사람들은 자신만의 성과와 행복에 집중하기 쉽다. 자만하기도 쉽다. 정상에 오르면 기분이 좋고, 뭔가 해낼 수 있다는 자신감에 차게 된다. 하지만 이제 곧 내려가야 할 준비를 해야 되는 때이기도 하다. 이때 많은 사람들은 이를 깨닫지 못하고, 주위를 돌아볼 생각조차 하지 않고, 혼자 잘나가는 것에 몰두하게 된다. 하지만, 이러한 태도는 오히려 정상에서 여유를 즐기는 시간조차 단축시킨다. 정상에서의 여유를 즐기고 싶을수록 주위에 베풀고 잘해야 한다. 내가 상승세에 있을 때는 주변 사람들에게 이유 없이 잘해 주는 것이 정말 중요하다. 그들에게 나의 행복과 성과를 나누고, 작은 도움이라도 손을 내밀어 주는 것. 이렇게 베푸는 태도는 결국 나에게도 긍정적인 영향을 준다. 내 주변에 좋은 사람들이 쌓이기 시작하고, 이들은 내가 내리막길을 걸을 때 중요한 안전망 역할을 해 주기도 한다.

운이 하락하는 시기에 있을 때, 힘들고 고독한 그 순간에 나를 도와줄 사람들은 결국 내가 상승세에 있을 때 베풀고 쌓아 온 관계들이다. 내가 잘나갈 때 쌓아 둔 선의와 나눔이 운이 하락하는 시기에서의 나를 지탱해 준다. 그들의 따뜻한 말 한마디, 작은 격려 하나가 얼마나 큰 힘이 되는지, 그 순간이 오면 비로소 깨닫게 된다. 그래서 이제 나는 상승세가 오면 더 많은 사람에게 나의 좋은 에너지를 나누고, 내가 가진 것을 베풀고자 한다. 이들이 결국 내 인생의 굴곡을 함께 견뎌 줄 동반자들이기 때문이다.

또한, 인생에서 운의 상승기를 맞이할 때 베풀면서도 내게 주어진 성과와 행복 그 모든 것을 만끽할 필요가 있다. 그저 해야 할 일들만을 완수하는 것이 아니라, 무작정 베풀고 나누어 주는 것이 아니라 나 스스로를 위해서도 그 순간의 기쁨을 진정으로 느끼고 내 삶을 즐기는 것이 중요하다. 이 운의 상승기에서의 행복을 마음껏 누리는 것은 단순한 쾌락이 아니라, 운의 하락기를 견딜 수 있는 내적 에너지를 충전하는 과정이기도 하다. 상승에 있을 때는 그 에너지를 아낌없이 만끽하고, 주위에 베풀고 하고 싶은 일, 해 보지 못했던 일들에 도전하며 경험을 쌓는다. 여유가 있을 때 다양한 활동을 해 보라는 말과 일맥상통한다. 이러한 순간들이 쌓여 힘든 시기의 나에게 큰 도움을 준다.

반대로, 하락세에 접어들 때는 행동을 다르게 해야 한다. 이때는 오히려 내 삶을 잠시 걸어 잠그고, 해야 할 일에 집중하는 것이 중요하다. 하고 싶은 일보다는 반드시 해야 할 일들에 집중하면서, 최소한의 에너지를 쓰고 상황을 극복해 나간다. 이 내리막길을 견디는 동안 내가 필요한 것은 꾸준함과 인내다. 불필요한 에너지를 소모하지 않으면서 나의 기본적인 일상에 충실하는 것. 그렇게 인생의 굴곡을 견디다 보면 어느새 다시 상승세를 맞이할 준비가 되어 있다는 사실을 알게 된다.

이처럼 인생의 상승과 하락은 단순히 나를 흔드는 상황이 아니라, 나에게 인생의 기술을 가르쳐 주었다. 나는 상승세가 오면 사람들에게 손을 내밀고, 나의 기쁨을 함께 나누며 살아갈 것이다. 그리고 하락세가 찾아올 때는 그때를 지탱해 줄 내 주위의 사람들과 함께, 담담하게 그 시간을 견뎌 내며 다시 한번 상승의 때를 기다릴 것이다. 그리고 죽을 때까지 반복되는 이 굴곡 속에서 계속해서 성장하는 법, 나누는 법, 버티는 법을 배워 나갈 것이다.

결국, 인생의 굴곡은 나 혼자만의 힘으로는 극복할 수 없다. 내가 꼭대기에 있을 때 나의 기쁨을 나누며 누군가를 돕고, 또 내가 밑바닥에 있을 때는 주변의 도움을 받는 것. 그렇게 서로가 서로를 돕고 사는 것이 이 오르락내리락하는 인생을 견디는 유일한 방법이다. 혼자 모든 것을 이겨 내는 것이 아니라, 이 굴곡 속에서 함께 성장하고 서로의 의지가 되는 존재들을 곁에 두는 것. 그것이야말로 인생의 오르막길과 내리막길을 살아가는 나만의 방식이자, 인생의 깊이를 더해 주는 삶의 지혜임을 깨달았다. 그리고 앞으로도 이러한 굴곡 속에서 더 많은 지혜를 배우고자 한다.

적성을 찾는 방법은?
끝이 없는 탐색의 여정

살아가면서 적성을 찾는 일은 많은 이들의 고민이다. 나 또한 긴 시간을 방황하며 적성을 찾으려고 애썼고, 이제는 어느 정도의 방향성을 갖추게 되었다. 하지만 이 주제를 다루면서, 적성을 찾는 명확한 공식이 있을 것이라 기대하는 사람들을 자주 만난다. 모교에서 멘토링을 할 때도 가장 많이 받은 질문 중 하나가 바로 "적성을 어떻게 찾아야 하느냐?"라는 것이다. 나도 오랜 시간 이 질문을 품었고, 많은 답을 얻기 위해 노력했기에 이 고민에 매우 공감한다.

우리 사회에서 적성이라는 개념은 흔히 직업과 동일시되거나, 안정된 삶을 위한 하나의 요소로서 다루어지곤 한다. 그래서 많은 사람들은 적성이 곧 진로와 직업의 선택으로 이어져야 한다고 생각하는 경향이 있다. 그 결과, '적성 찾기'는 마치 시험 성적처럼 고정된 답을 찾아야만 하는 문제처럼 여겨지기도 한다. 하지만 이러한 접근은 적성이라는 것을 단순히 어떤 고정된 능력이나 성질로 제한하게 만든다. 이는 적성을 마치 변하지 않는 성격이나 개인의 영구적인 재능으로 간주하는 잘못된 접근이다. 적성이라는 것은 단순히 고정된 성질이 아니라, 상황에 따라 변할 수 있는 성질이다. 우리는 시간이 흐르며 다양한 경험을 하고 성장한다. 그렇기에 적성 역시 나의 변화와 함께 변화할 수 있다.

적성은 종종 단 한 번 찾아내면 끝이라고 생각하는 경우가 많다. 하지만 적성을 찾는 것은 결코 한 번에 결론지어질 수 있는 작업이 아니다. 이를 마치 고정된 목표를 찾아가는 과정으로 본다면, 오히려 그 고정관념이 적성을 찾는 길을 방해하게 된다. 내가 생각하는 적성을 찾는 과정은 '지속적인 탐구'에 가깝다. 특정한 순간에 나에게 맞는 일을 찾아내더라도, 인생에서 새로운 국면을 맞이할 때마다 나와 맞는 새로운 적성을 찾아가야 할 수도 있다. 그렇기에 적성은 나의 인생과 환경, 그때그때 나의 변화에 맞춰 계속해서 발굴해 나가는 것이 필요하다.

나는 처음에는 안정적이고 체계적인 공직 생활이 나와 맞을 것이라 생각했다. 하지만 막상 그 자리에 서 보니, 그것이 나의 적성에 맞는 일이 아니라는 것을 깨닫게 되었다. 그래서 지금의 나와 맞는 적성을 찾아 이직을 했고, 앞으로도 계속 나와 맞는 길을 찾을 준비가 되어 있다. 이처럼 적성을 찾는 여정은 고정된 결과물이 아니라, 상황에 따라 끊임없이 새롭게 찾고 만들어 가는 과정이라고 할 수 있다.

그렇기에 적성을 찾는 방법에는 왕도도, 정답도 없다. "Just do it"이라는 유명한 광고 문구처럼, 적성을 찾기 위해서는 다양한 일을 직접 경험해 보는 것이 무엇보다 중요하다. 무엇이 나와 잘 맞는지, 나를 즐겁게 하는지, 내가 무엇을 잘하는지, 이것을 알기 위해서는 일단 해 봐야만 한다. 머릿속에서만 고민하는 것은 오히려 방해가 될 수 있다. 내가 적성에 대해 조금씩 알게 된 것도 다양한 활동을 겪어 보며 얻은 결과였다. 적성을 찾기 위한 최선의 방법은 결국 이론적으로 분석하기보다는 행동으로 옮기는 것이다.

내가 경험한 바로는, 적성에 대해 고민하기 전에 일단 시도해 보는 것이 답이었다. 예를 들어, 특정 직무에 대해 흥미가 있다면 먼저 관련된 일을 해 보는 것이다. 대단한 성과를 낼 필요는 없다. 그저 가벼운 관심이라도 실제로 행동에 옮겨 보며 스스로에게 적합한지 판단하는 것이 필요하다. 이것이 꼭 전문적인 수준으로 깊이 파고들어야 한다는 의미는 아니다. 겉핥기식이라도 좋으니, 여러 가지를 시도해 보는 것 자체가 적성 탐색의 중요한 과정이다.

나 역시 다양한 경험을 통해 깨달았다. 특정한 일을 대충 해 보았을 때 흥미를 느끼지 못한다면, 그건 애초에 적성이 아닐 가능성이 높다. 하지만 대충 해 보았음에도 더 깊이 파고들고 싶다면, 그것이야말로 적성의 가능성을 품고 있는 일이다. 적성을 찾는 과정에서 중요한 것은 '애매한' 일에 시간을 낭비하지 않는 것이다. 나에게 맞는 일을 찾기 위해서는 그저 호기심으로 시작해 보고, 맞지 않다면 빠르게 다른 것으로 넘어가는 것이 좋다.

무엇보다 중요한 것은 계속해서 시도하는 것이다. 적성을 찾기 위한 탐색이 결코 단발성으로 끝날 일이 아니라는 사실을 기억해야 한다. 다만 여기에서 중요한 것은 '실패'에 대한 태도이다. 많은 사람들은 적성을 찾기 위해 여러 시도를 하다가 실패하거나 성과가 없으면 쉽게 포기하게 된다. 나도 수많은 실패를 겪었다. 수많은 직업과 분야를 경험하며 실패를 통해 얻은 깨달음들이 결국 적성 탐색의 길을 조금씩 밝혀 주었다. 실패는 때로는 자존심을 상하게 하고 자신감을 떨어뜨리지만, 그 실패 속에서 적성과 맞지 않는 것들을 걸러 내는 작업이 일어난다.

실패를 통해 무엇이 나와 맞지 않는지를 깨닫는 것도 매우 중요하다.

적성을 찾기 위한 과정에서 실패는 오히려 필수적인 단계일 수 있다. 실패를 통해 내가 잘하지 못하는 것, 그 일에서 느껴지는 불편함, 부족함 등을 스스로 발견할 수 있다. 그렇게 내가 맞지 않는 일과 적합한 일을 구분해 나가는 것이다. 실패를 두려워하지 않고 다양한 시도를 거듭할 때, 적성에 대한 깨달음도 조금씩 다가온다.

다시 강조하지만 적성은 결코 한 번에 찾을 수 있는 것이 아니다. 적성을 찾는 과정은 죽을 때까지 계속된다고 생각한다. 나이가 들고, 세상이 변하고, 나의 가치관이 변화하면서 나의 적성 또한 달라질 수 있다. 그러니 적성 찾기는 일종의 끝나지 않는 여정과도 같다. 나의 성향과 시대의 흐름에 따라 끊임없이 새롭게 나를 탐색하고, 나에게 맞는 것을 찾아내는 것이 바로 적성 찾기다. 이것은 때로는 지치는 과정이 될 수 있지만, 반대로 매우 흥미롭고 의미 있는 과정이기도 하다.

결론적으로 나는 적성이란 가능성과도 같은 말이라 생각한다. 나의 적성을 찾는 것은 결국 나의 가능성을 찾는 것이다. 나의 가능성을 찾는 재미있는 작업이, 행복한 작업이 단 한 번의 선택으로 끝나서는 안 되지 않을까? 적성을 찾는 과정이 쉽지 않다고 하여 절망하고, 자신의 가능성을 포기하지 않았으면 한다. 우리의 가능성은 무한하다. 그러니 나는 끊임없이 도전하면서 적성을 찾고 나의 가능성을 발견하는 인생을 살 것이다. 적성을 찾는 과정에서 수없이 실패하더라도 말이다. 그 실패의 끝에는 결국 적성에 맞는 삶을 사는 행복한 인생이라는 성공이 있을 것이니 말이다.

멘탈이 약하면 어떠한가?
그래도 괜찮다

처음부터 스스로가 '멘탈이 약하다'고 인정하기란 쉽지 않은 일이다. 특히, 공부를 잘하고 성취를 이룬 경험이 많은 사람일수록, 자신이 약하다는 사실을 받아들이는 데에 더 큰 저항감을 느끼게 된다. 나 역시 그랬다. 어릴 때부터 남들보다 좋은 성과를 내고, 원하는 목표를 이루기 위해 끊임없이 노력하며 살아왔다. 공직에 들어가고 나서도 나는 내내 스스로를 강하다고 생각했다. 나의 성공은 강한 멘탈 덕분이라고 여기며, 도전과 노력의 결과라고 믿었다. 그러나, 내 마음 깊은 곳에서는 그 믿음이 사실이 아닐지도 모른다는 불안감이 자리 잡고 있었다. 공직 생활을 하면서, 그리고 새로운 길을 걸으며, 나는 점점 더 확신하게 되었다. 나의 멘탈은 내가 생각했던 것처럼 강하지 않았다. 아니, 약했다. 그것을 인정하기까지는 참으로 오랜 시간이 걸렸다.

처음 멘탈이 약하다는 사실을 느꼈을 때는 공직 생활에서 스트레스와 압박감이 점차 쌓이기 시작했을 때였다. 모든 일이 순조롭게 흘러가지 않았고, 내가 예상하지 못했던 많은 상황이 발생했다. 공직의 안정성과 보장은 나에게 든든한 울타리가 되었지만, 그 속에서 점점 나를 억누르는 스트레스가 커지고 있었다. 나는 내가 불안과 초조, 무기력감을 느끼고

5급 사무관을 때려치우다

있다는 사실을 받아들이기 싫었다. 나는 늘 강했고, 내 삶의 모든 중요한 순간에서 스스로를 밀어붙여 원하는 결과를 얻어 왔다. 그런 내가, 일상적인 상황에서도 불안해하고 쉽게 지친다는 사실은 받아들이기 힘들었다. '이건 내가 아는 내가 아니야'라는 생각이 끊임없이 떠올랐고, 오히려더 자신을 몰아붙이며 강해지려고 애썼다.

　내가 실패를 받아들이기 힘들다는 사실 또한 큰 벽으로 다가왔다. 나는 무언가를 시작할 때 항상 철저히 준비하고, 위험 요소를 피하며, 목표를 향해 최선을 다해 달려왔다. 이 방식은 나에게 많은 성과를 안겨 주었지만, 내 내면에는 실패에 대한 두려움이 숨어 있었다. 실패의 가능성에 직면할 때마다 나는 불안감을 느꼈고, 그래서인지 나의 도전은 '내가 잘할 수 있는 것', '실패하지 않을 것'에 한정되었다. 다른 사람들 눈에는 '열심히 하는 사람', '똑똑하게 계획한 목표를 이루는 사람'으로 보였겠지만, 사실 나는 언제나 내가 잘할 수 있는 범위에서만 움직였고, 그 한계를 넘는 도전에는 두려움을 가지고 있었다. 만약 무모하게 도전하다 실패한다면, 내가 쌓아 온 이미지나 성과가 모두 무너질 것 같았고, 그런 생각이 나를 더욱 불안하게 만들었다.

　내 약한 멘탈은 나를 독하게 만들었다. 독한 게 강한 거라고 생각했다. 하지만 아니었다. 겉으로는 늘 강해 보이려고 노력했고, 목표에 집착하면서도 철저히 준비하는 모습을 보였다. 주변 사람들은 나를 멘탈이 강한 사람으로 여겼고, 내가 힘든 일을 해내는 모습을 보면서 칭찬과 격려를 아끼지 않았다. 그 겉모습이 나의 진정한 모습이라면 좋았겠지만, 사실 그 속은 언제 무너질지 모르는 불안으로 가득 차 있었다. 스스로 멘탈이 약하다는 것을 인정하지 않기 위해 끊임없이 노력하며, 완벽한 모습을 유지하려는 강박에 시달렸다. 스스로를 약하다고 인정하지 않는 대신, 나는 강해지려고 더 독하게, 더 완벽하게 살려고 애썼다. 그러나 그 강박은 나를 점점 더 약하게 만들었다. 나는 스스로에게 솔직하지 못한 채, 나의 내면을 부정하며 지내고 있었다.

이렇게 나 자신을 속이며 살다 보니, 어느 순간부터는 너무도 지쳐 있었다. 직장에서의 스트레스는 나의 불안감을 자극했고, 나는 그 불안감을 없애기 위해 더 무리하게 노력했다. 하지만 노력할수록 더 지쳐 갔고, 결국 내게 주어진 작은 문제에도 크게 흔들리게 되었다. 작은 실패나 부정적인 피드백에도 마음이 크게 무너졌고, 자꾸만 '나는 강하지 않다'는 생각이 스쳐 갔다. 그럼에도 불구하고 이를 인정하는 것은 너무나도 어려운 일이었다. 내가 스스로를 멘탈이 강하다고 믿지 않으면, 내가 의지할 것이 무엇이 있을까 두려웠다. 그래서 그 두려움을 외면하려 더 독하게 노력했고, 스스로를 채찍질했고, 나는 점점 더 힘들어지고 있었다.

이직을 결심하고 새로운 길을 걷기 시작하면서, 이전과는 다른 방향으로 나의 약한 멘탈과 마주하게 되었다. 새로운 환경에서 느끼는 불안정, 불확실성, 그리고 전혀 예상치 못했던 난관들 속에서 나는 더 이상 강한 척할 수가 없었다. 이미 수많은 아픔을 겪고 이직한 후에는 더 이상 내가 완벽한 사람, 강한 사람으로 보일 필요도 없었고, 그럴 여유조차 없었다. 타의적으로 일종의 자유가 주어진 것이다. 그리고 그 자유는 기존의 강박과는 다른 방향으로 나를 더욱 불안하게 만들었다. 이제는 내 내면의 불안을 누군가에게 숨길 필요가 없었지만, 그 불안과 무기력감을 감당하는 것역시 내가 스스로 해결해야 할 몫이 되었다. 나는 멘탈이 강하지 않다는 것을, 약한 나 자신을 감싸안아야 한다는 것을 조금씩 인정하게 되었다.

약한 멘탈을 인정한 후에야 비로소 나는 진정으로 자유로워질 수 있었다. 나 자신에게 '괜찮아, 너는 완벽하지 않아도 돼'라고 말할 수 있게 되면서, 이전에는 느껴 보지 못했던 여유가 생겼다. 그전까지 나는 약한 모습을 보이는 것, 실패하는 것을 두려워하며 살아왔지만, 이제는 실패할 때도, 불안할 때도, 그것이 내 일부라는 것을 받아들일 수 있게 되었다. 나는 더 이상 강해지기 위해 무리할 필요가 없었고, 스스로의 감정과 한계를 있는 그대로 인정하면서 오히려 나의 내면이 더욱 강해진다는 사실을 깨달았다. 나의 약함은 내가 극복해야 할 결점이 아니라, 나를 더욱 인간답게 만드는 요소라는 것을 알게 된 것이다.

물론 지금도 불안하거나 무너질 때가 많다. 상황이 어렵고 힘든 일들이 연속될 때면 여전히 흔들리기도 하고, 내가 과연 이 일을 잘해 낼 수 있을지에 대한 의문이 들기도 한다. 하지만 이제는 그 불안감이 찾아와도, 그것을 억누르려 하지 않고 스스로에게 "괜찮아, 너는 약할 수 있어"라고 말해 줄 수 있다. 그렇게 내 약함을 인정하고 나자, 오히려 작은 실패나 난관에도 금방 회복할 수 있는 힘이 생겼다. 스스로를 완벽한 사람으로 만들려던 때와는 다르게, 이제는 무너져도 다시 일어설 수 있다는 자신감이 생긴 것이다.

나는 이 경험을 통해, 멘탈이 약한 것은 결코 부끄러운 일이 아니라는 것을 깨달았다. 오히려 약함을 인정하고 받아들일 때 우리는 더 유연하고, 더 인간적이며, 더 회복력 있는 사람이 될 수 있다. 나의 약한 멘탈은 이제 더 이상 나를 억누르는 것이 아니라, 오히려 나를 자유롭게 만드는 도구가 되었다. 약하다고 해서 실패하는 것이 아니고, 약함을 받아들이지 못할 때 오히려 더 힘들어진다는 사실을 배웠다.

나는 여전히 불완전하고, 여전히 많은 부분에서 부족하지만, 이제는 그런 나 자신을 온전히 받아들일 수 있다. 약하다는 것을 인정함으로써 비로소 내가 진정으로 강해졌다는 것을 느낀다. 약함을 받아들이고 내 삶의 일부로 삼았을 때, 나는 더 이상 무너질까 두려워하지 않고, 지금 이 순간을 온전히 살 수 있게 되었다. 너무나 힘든 시간이었기에 오히려 내가 완전히 무너질 수 있었고 내 한계를 알 수 있었고 내 약함을 인정할 수 있었다. 그렇게 약한 멘탈을 인정하고 나서야, 끝까지 힘들고 나서야 나는 진정으로 나답게 살아갈 수 있는 자유를 얻게 되었다. 그렇다. 나는 멘탈이 약하다. 그래도 괜찮다.

나는 내 인생이란
책을 충실하게 쓰고 있는가

나는 가끔 인생을 책이라고 생각한다. 스스로가 저자이자 독자인 책 말이다. 개인의 삶의 이야기가 오롯이 담겨 있는 세상에 오직 한 권뿐인 책 말이다. 내가 내 삶을 어떤 마음가짐으로 어떻게 살아가느냐에 따라 이 책은 매일이 매 문장이 다르게 쓰인다. 그리고 나는 스스로 지금 내 삶에 충실한가를 이 책을 읽음으로써 확인하곤 한다.

어린 시절의 내 인생이란 책은 정말 매일매일이 재미있는 이야기로 가득했다. 당시에는 모든 페이지가 이렇게 재미있고 행복하고 다양한 이야기들로만 가득할 줄 알았다. 하지만 커 가면서 깨달았다. 나의 행동, 마음가짐, 주위 환경에 따라 이 책은 몇 년이 지나도 한 줄도 쓰이지 않을 수도 있고, 하루에 몇 페이지도 쓸 수 있다는 것을 말이다.

실제로 내가 공직에서 보낸 4년 동안 내 인생이란 책은 단 한 문단도 제대로 쓰이지 않았다. 그 시간 동안 내면이 단단해지고 깨달음이 있긴 했지만 내게는 분명한 아픔과 고통의 시간이었다. 그리고 그러한 시간은 내 인생이란 책에 담고 싶지 않았다. 그리고 무의식중에도 담기지 않았다. 실제로 그때를 돌이켜보면 일상이나 어떠한 사건들이 명확하게 기억나는 경우가 잘 없다. 그냥 그날이 그날 같고 공무원 시절이라는 단어 하나로 통칭되어 기억이 난다. 세부적으로 빛나고 이야기가 꽃피는 기억이나 추억이 아니다.

하지만 내가 시험에 붙고 입직하기 전 보낸 유예 기간 1년은 돌이켜보면 10년처럼 느껴진다. 그만큼 매일매일이 생생하고 이야깃거리가 많다. 하루하루가 빛나고 이야기가 꽃피는 추억의 시간들이다. 내 인생이란 책의 수많은 페이지가 쓰여 간 기간이다. 흔히들 시간의 밀도가 다르다고도 표현하는데, 이 두 기간의 비교를 통해 나는 시간의 밀도가 다르다는 것이 무엇인지 체감했다. 그리고 가능하면 내 인생의 밀도를 높게 유지하고 싶다는 생각을 했다.

내게 주어진 하루라는 시간은 언제나 일정하고 누구에게나 공평하게 주어지는 것이라고 생각한다. 물론 그 시간을 활용함에 있어서 다른 조건들이 영향을 미치는 것은 사실이다. 그래서 남과 비교하면 하루라는 시간조차 공평하게 여겨지지 않을 수도 있다. 하지만 오늘 내게 주어진 이 하루를 밀도 있게 쓸 것이냐 아니냐는 온전히 내 선택에 달려있다고 생각한다. 남들과 비교할 문제는 아니라고 생각한다. '남들과 비교해서 시간의 밀도가 높도록 노력해야 한다.'라는 의미는 아니란 것을 명확히 하고자 한다. 단순하게 그냥 내게 주어진 하루라는 시간을 어떻게 사용해야만 행복하고 나중에 후회하지 않을 수 있을까 하는 관점의 이야기다.

그렇기에 나는 항상 바랄 것이다. 내 하루는 언제나 빛나는 순간이었으면 한다. 내 하루는 언제나 충실한 하루였으면 한다. 그렇게 매일매일 내 인생이란 책이 충실하게 써내려져 갔으면 한다. 물론 매일이 이럴 수는 없다. 기억에 남지 않는 하루를 보낼 수도 있고, 지워 버리고 싶은 하루를 보낼 수도 있다. 오늘은 책이 쓰이지 않고 쉬어 가야 하는 날일 수도 있

5급 사무관을 때려치우다

다. 현실이 그러하고 인생이란 것이 당연히 그럴 수밖에 없다. 그런 현실을 충분히 인정하면서도 방향성만이라도 이와 같이 가져가고 싶다는 말이다. 그렇게 나중에 시간이 지나 내 인생을 돌아보았을 때 최선을 다해써 내려간 내 책을 읽으며 흐뭇하게 웃음 짓고 싶다. 남이 보기엔 비루해 보일지라도 스스로 최선을 다해 써 내려간, 세상에 하나뿐인 빛바랜 책을 보면서 말이다.

요약 Q&A

본문 자체가 모호한 내용에 대한 이야기가 많다 보니 줄글로 읽었을 경우 핵심을 놓치기 쉬운 책이다. 그래서 마지막 자리에는 관련한 Q&A 요약본을 편성해 보았다. 책 전체 내용과 관련하여 궁금해할 법한 질문과 답변을 정리해 보았다. 본문 내용과 Q&A 내용이 모순되는 듯한 내용이 있으면 dhsgn123@naver.com으로 제보 바란다. 내 의도라면 충분히 설명드리고 실수라면 사죄드리겠다.

Q1 공무원은 왜 선택했나요?

놀고 싶어서, 꿀 빨고 싶어서 택했다. 당시 주위 친구들을 따라갈 수 있는 유일한 방법이었다. 다들 자기 분야에서 잘나가고 있는데, 시험 한 방으로 커리어를 따라잡을 수 있는 방법이었다. 나는 연구하고 싶은 분야도 없어서 대학원 가서 진득하게 계속 공부할 수 있는 성격도 아니었다. 그냥 한 방에 끝내고 놀고 싶었다. '공무원이 하고 싶다. 동기부여가 있다.' 이런 것들은 전혀 없었고 그냥 '고시를 봐서 붙으면 이런 불안감 다 사라지겠지? 평생직업 그리고 누구나 인정하는 직업, 커리어 한 방에 끝나고 난 놀면서 살 수 있겠지?'였다. 결국 놀고 싶어서 선택하게 되었다.

공직에 들어가기 전, 어떠한 기대감을 갖고 계셨나요?

솔직하게 이야기하면 그냥 앞으로의 인생을 계속 꿀 빨면서 살 기대감으로 가득했다. 연금 나오고 잘릴 일 없고 그냥 월급 알아서 나오고 그럼 적당히 시키는 일만 하면서 내 취미 생활 즐기고, 워라밸 즐기면서 살아야겠다. 어른들도 인정해 주고 사회에서도 인정받고 이제 결혼만 잘하면 되겠다. 직업으로서의 기대에 일적인 부분의 기대나 롤모델과 같은 것은 없었다. 그리고 무언가 일을 통해서 내가 이루고 싶은 목적이나 꿈도 없었다. 그냥 '아, 이제 결혼 잘할 수 있겠지. 소개팅 열심히 해서 좋은 사람 만나자.' 이게 공직 들어가기 전 당시에 가지고 있던 기대감이다.

Q3 **공무원 시험 준비하면서 가장 힘들었던 점은 무엇인가요?**

당연히 공부도 힘들었지만 당시에 몸이 정상이 아니었기에 건강관리가 가장 힘들었다. 군대에서 허리디스크가 터지고 그 스트레스의 여파로 거식증이 걸리고 구토를 계속해 식도, 후두, 위장이 완전히 상했었다. 자극적인 걸 먹으면 말을 못할 정도로 목이 붓고 양치하고 게워 낼 때 피가 같이 나올 정도로 염증이 심했다. 노래를 좋아했기에 목이 아픈 건 단순 고통을 넘어서는 절망으로 다가왔다. 이러한 몸 상태와 정신 상태에서 공부에 집중을 해야 한다는 것이 가장 힘들었다. 허리가 아파서 앉지 못하고 소화가 안 돼서 눕지 못했다. 그래서 항상 서서 공부하다가 발뒤꿈치까지 망가졌다. 결국 첫 시험 한 달 전에 서 있지도 눕지도 앉지도 못하는 종합병원 신세가 되었다. 결국 마지막 한 달은 공부도 못 하고 치료만

받기도 했다. 그 이후 두 번째 시험 준비에는 더욱 철저히 몸관리를 했다. 수면을 충분히 하고 철저하게 식단을 지키고 운동을 꾸준히 하면서 말이다. 새벽 5시 45분에 일어나 11시에 취침할 때까지 1초도 허투로 쓰지 않았다.

<table>
<tr><td>Q4</td><td>합격 후 공무원이 된 첫해, 가장 크게 느낀 점이나 변화는 무엇이었나요?</td></tr>
</table>

일단 가장 크게 느낀 점은 '기존의 나대로는 여기서는 버틸 수 없겠다' 였다. 과학고 친구들과 노는 대로, 그동안 살아왔던 대로 단체생활하고 대화를 해서는 여기서는 완전히 버티기 힘들겠다는 생각이 들었다. 내가 살면서 접해 온 사람들과 완전히 다른 사람들만 만나게 되었으니까 말이다. 그래서 나는 마치 공부라도 하듯이 그것들을 학습해 나갔다. 특이하다는 소리를 듣기는 했어도 학습 능력 덕분인지 잘 어울리고 녹아들어갔다. 물론 나 스스로의 에너지 소모와 멘탈 소모는 심했다. 그리고 이러한 점은 진짜 일을 시작하고 나서 더 크게 다가왔고 이때 '아, 더 이상은 나대로 살 수 없겠구나' 하는 생각이 들었다. 처음에는 이걸 다짐으로 승화해 보려 했다. 새로운 인생이다. '나도 이제 어른이다' 하면서 말이다. 하지만 너무도 힘들었다. 결국 나를 지킬 수 없다는 절망으로 다가왔고 그 절망이 첫해 가장 크게 느낀 점이었다고 말할 수 있을 것 같다.

"이해할 수 없다." 이 말 말고는 표현할 말이 없는 것 같다. 그냥 처음부터 끝까지 이해할 수 없었다. 그게 잘못되었거나 틀린 조직 문화라서가 아니다. 나 자체도 공직이란 조직의 본질과 이유에 대해서 생각해 보고 배운 적이 없었기 때문에 모르는 게 당연했던 것 같다. 왜 이렇게 일처리를 하는지, 왜 인사를 이렇게 하는지, 왜 저 사람이 이 자리에 있는지, 왜 나에게 이런 일을 시키는지, 왜 이 일을 해야 하는지 그 어느 것 하나 이해된 적이 없다. 지금은 그 모든 게 이해가 간다. 왜 그렇게 답답하고 경직되고 쓸데없는 것이 많은지 이해가 간다. 안전하고 꼼꼼하게 모두가 불편하지 않게 누구도 피해 보지 않게 공정하게 하려면 그럴 수밖에 없다. 이게 개인의 성격과 맞지 않으면 나처럼 처음에 생각할 수밖에 없는 것 같다. 그런 조직 문화는 바꿀 수도 없고, 바뀌어서도 안 된다고 생각한다. 개인이 바뀌어야 한다. 적응하든가 나오든가 둘 중 하나다.

Q6 공무원 생활 중 본인을 가장 힘들게 한 감정은 무엇이었나요?

여러 가지 힘든 감정이 있었지만 공무원 생활을 하면서 외로움이란 감정을 인생 처음으로 제대로 알고 느끼고 배우게 되었다. 그리고 처음 느낀 감정이니만큼 가장 나를 힘들게 했다. 나는 공무원 생활 동안 단 한순간도 외롭지 않은 적이 없었다. 늘 혼자였다고 느꼈다. 마음이 맞는 사람을 찾기 힘들었기에 더더욱 스스로 마음의 문을 닫았고 일도 조직문화도 마음에 들지 않았기에 스스로 장벽을 더욱 쌓았고 그 장벽을 허물 수도 없었다. 외로울 수밖에 없는 상황에 갇혀서 늘 혼자였던 것 같다. 대화가 통한다고 느낀 사람이 직장에 한 명도 없었으니까 당연히 외로움을 느낄 수밖에 없었다고 생각한다. 월화수목금 중에 대화다운 대화를 한 마디도 못 했다. 이런 게 외로움이구나 느끼면서 서서히 무너져 갔던 것 같다.

Q7 공직 생활을 하며 스스로 변화했다고 느낀 점이 있나요?

공직 생활을 통해서 아픔을 겪었기에 변화한 점이 많다고 생각한다. 일단 아픔과 실패, 그것을 통한 공감이 무엇인지 어렴풋이 알게 된 것 같다. 그전까지는 그냥 인생에 밝은 면이 전부여서 이러한 것들에 대해 공감할 수도, 이해할 수도 없었다. 그러나 내가 직접 겪고 나니 다른 사람의 아픔에 대해서도 공감할 수 있게 되었다. 그리고 자연스레 이러한 실패와 아픔을 통해 인생관이 변화하였다고 생각한다. 무조건적인 완벽한 목표가 존재하고, 이것을 노력을 통해 달성하고, 못 한다면 개인의 능력 부족, 노력 부족이라고 생각하고 스스로를 채찍질하기만 했던 과거에서 부족해도 목표를 이루지 못해도 또다시 삶을 살아 나가고 스스로를 받아들이는 쪽으로 인생관이 변화했다.

Q8 직장에서 가장 힘들었던 순간은 언제였나요?

잘 모르겠다. 모든 순간이 항상 힘들고 답답했다. 어떤 사건 때문에 힘들고 어떤 순간순간 힘들었던 것이 아니라 그냥 직장에 들어가고 난 이후로 항상 힘들었기 때문에 가장 힘들었던 순간이라고 할 만한 게 없다. 내 인생에 있어서 공직 생활이 가장 힘들었던 순간이라고는 말할 수 있을 것 같다. 월요일 출근부터 다음 주 월요일 출근까지 반복되는 그 모든 생활이 숨 쉬는 매 순간순간이 가장 힘들었다.

 Q9 본인을 '아싸'라고 언급하셨는데, 이러한 점이 공직 생활에 어떤 영향을 미쳤나요?

내가 스스로 '아싸'라고 생각하는 것은 노는 것을 싫어한다든가, 텐션이 낮다든가 이런 의미가 아니다. 나는 오히려 노는 것을 좋아하고 텐션이 매우 높다. 다만, 맞지 않는 사람과 적당히 잘 어울리고 이런 것에 에너지 소모가 엄청 심하고 그렇기에 인간관계 자체를 기피하는 편이다. 그리고 사람을 볼 때도 호불호가 너무 심해서 쉽게 사람을 좋아하지 않는다. 아니, 보통은 싫어한다. 그래서 두루두루 어울리기보다는 그냥 혼자 있거나 소수로 지내는 것을 좋아한다. 이러한 점을 스스로 '아싸'라고 언급한 것이다. 이러한 성격이 공직 생활에서는 치명적인 단점이었다. 모두가 맘에 안 들고 또 일에 있어서도 굳이 잘 지낼 필요도 없다고 생각이 들었으니까 말이다. 공직은 특히나 두루두루 잘 지내는 것이 중요한 조직이라고 생각한다. 그래서 근본적으로 사람을 좋아하지 않는 나에게는 너무 힘들었다. 나는 항상 혼자 생활하고 혼자 지냈다. 굳이 좋은 관계를 유지하고 싶지도 않고 친해지고 싶지도 않았다. 친해질 사람도 없었다. 그래서 공직 생활이 더 외롭고 고통스러웠다고 생각한다.

Q10 억지로 참으면서라도 공직에 다닐 수 없다고 생각한 이유가 있을까요?

개인적인 이유이기도 한데 당시 사랑하던 사람과의 연애 경험이 가장 큰 계기였던 것 같다. 흔히들 사랑하는 사람이 생기면 참고 다닐 수 있다는 말도 하는데, 나는 그러지 못했다. 날 정말 믿어 주고 서로 좋아했던 사이지만 나는 불행했다. 직장이 불행해서 그 행복을 이기지 못했다. 내가 이 직장을 계속 다닌다면 나도 불행하고 상대방도 불행할 거란 생각이 들었다. 상대를 너무 사랑하지만 그것만으로 이 직장을 참고 다닐 수는 없는 사람이라는 자각이 들었다. 정말 사랑하는데도 이러니 그 어떤 것으로도 이 직장에 대한 불만은 잠재울 수 없다는 생각이 들었다. 가정이라는 인생의 중요한 요소로도 이 불만을 잠재울 수 없다면 장기적으로 공무원을 지속할 수 없다는 확신이 들었다. 그리고 참고 다니다 보면 오히려 내가 내 주변 사람에게 짜증을 내고 책임을 전가할 수도 있다는 생각이 들었다. 그래서 내 미래를 위해 그리고 내 미래의 가족을 위해 꼭 퇴사해야겠다는 생각이 들었다.

Q11 이직을 결정하게 된 결정적인 계기는 무엇이었나요?

앞 질문과 비슷하면서 다른 질문인데, 이어 가고 있는 와중에 갑자기 결정하게 된 계기는 어떠한 행사였다. 공직에서의 행사와 다른 작고 보잘것없는 행사인데 거기서 내가 기획하고 설계했던 것들이 불완전하게나마 실제로 이루어지는 것을 보면서 설명할 수 없는 성취감과 행복감을

5급 사무관을 때려치우다

느꼈다. 공직에서 더 큰 행사를 할 때 느낄 수 없던 만족감이었다. 그래서 나는 확실히 공직에서의 일이 맞지 않고 스스로의 일을 해야 한다는 생각이 들었다.

Q12 이직을 결심했을 때, 주변의 반응은 어땠나요?

'드디어 하냐'는 반응이면서도 '정말 하는 거냐? 어디로 가는 거냐?' 궁금해하는 반응도 많았다. 아무래도 궁금해하는 반응이 가장 큰 것 같았다. 타인의 입장에서는 재미난 스토리로서 소비하기 좋으니까 말이다. 사실 주변의 반응에 그렇게 크게 신경 쓰지 않았다. 그래서 더 자세한 반응은 잘 모른다. 어차피 내 인생 대신 살아 줄 사람도 아니고, 궁극적으로 남이기 때문이다. 이직 준비하면서 그걸 크게 깨달아서 주변 반응에 크게 신경 쓰지 않다 보니 궁금해하는 반응 이외에는 잘 못 느낀 것 같다.

Q13 공무원이라는 안정적인 직업을 포기하는 데 두려움은 없었나요?

두려웠다. 너무나 두려웠기에 이직하는 데 4년이라는 오랜 시간이 걸렸던 것 같다. '내가 이 울타리를 벗어나서 먹고살 능력이 있을까?', '나에게 주어진 주변의 기대만큼 멋지게 살아갈 수 있을까?', '훗날 바보 같은 선택이라고 주위에서 손가락질 받지는 않을까?', '좋은 조건을 포기하는데 나를 사랑해 줄 배우자를 만날 수 있을까?' 등등 두려움은 끝도 없었다. 이렇게 많이 두려웠기 때문에 많이 아파했고, 더 많은 고민을 하고,

노력을 하고, 그 과정에서 많이 배울 수 있었던 것 같다. 그리고 이렇게 두렵기 때문에 내가 한 선택이 의미 있는 선택이라고도 생각한다. 두렵지 않고 당연한 평범한 선택이었으면 나를 큰 성장으로 이끌지 못했을 것이다. 또 이런 두려움이 있는 것을 알기에 나와 같은 두려움을 겪고 있는 사람들에게 조그마한 도움이 되고자 이 책을 쓰고 지금 이 답변을 작성하고 있다.

Q14　이직을 결정하는 데 가장 큰 장애물은 무엇이었나요?

주위의 시선과 그 시선을 신경 쓰는 나 자신이었다 생각한다. 사실 관두고 당장에 굶어 죽을 일은 없다. 뭐라도 하면서 먹고살면 된다. 하지만 한국 사회에서 존재하는 직업의 등급과 그로 인한 시선들을 생각하면 저 말이 저렇게 쉽지는 않다. 관두더라도 기존 직장과 비교했을 때 괜찮은 곳으로 가야 저런 시선이 없을 것이다. 하지만 가장 문제는 저런 시선보다 저런 시선을 신경 쓰는 나 자신이다. 타인의 시선을 완전히 신경 안 쓸 수도 없지만 내 인생에 가장 중요한 문제를 결정하는 데 있어서는 신경 써선 안 된다는 것을 깨닫는 데 오래 걸렸던 것 같다. 이직 후에 내가 어떻게 되든 어떤 삶을 살든 그건 내가 책임질 나의 인생이지, 남의 시선에 달린 인생이 아니란 것을 말이다.

Q15　이직을 결심한 이후, 가장 먼저 계획한 일은 무엇이었나요?

아무래도 현재 살고 있는 집을 내놓고 서울에 살 집을 구하는 것이었다. 회사에 출퇴근하려면 일단 머물 곳이 있어야 했으니까 말이다. 그래서 이직을 결심하고 바로 집부터 찾기 시작했다. 내가 원하는 조건과 위치 등을 고려해서 빠르게 후보를 좁히고 주말을 이용해서 방을 보고 바로 계약하고 이사 날짜를 조율했다. 사실 머물 곳만 있으면 나머지는 부수적인 것이었다. 집에 이직 사실을 말하는 것도, 회사에 사직서를 내는 것도 그냥 하면 되는 쉬운 일이었다. 하지만 집을 내놓고 구하는 문제는 실제 돈이 필요하고 일정을 마음대로 조율할 수 없는 현실적인 문제이니 가장 먼저 진행했다.

Q16 공무원에서 민간 기업으로 나아갈 때, 준비해야 할 것이 있다면 무엇인가요?

여러 가지가 있겠지만 딱 하나로 압축하면 '적극성'이라고 할 수 있을 것 같다. 공무원은 가만히 있어도 된다. 비하하는 것이 아니라 실제로 안 좋은 마음을 먹고 가만히 있어도 월급이 나오고 일은 돌아가고 승진이 되고 삶이 살아진다. 적극성이 그렇게 중요하지 않다. 오히려 소극적인 게 도움이 될 때도 있다. 하지만 민간에서는 무엇이든지 적극적으로 해야 한다. 가만히 있어서 돌아가는 것은 없다. 적극적으로 일하고, 공부하고, 계획을 짜고 살아가야 한다. 공무원 때보다 더 적극적인 자세와 행동. 그것만 준비되어 있으면 될 것 같다.

Q17 공직 생활에서 배우거나 얻은 것이 이직 후 삶에 도움이 되었나요?

도움이 많이 되고 있다. 법적 검토나 행정절차의 처리에 있어서 어느 정도 익숙해진 것이 일할 때 큰 도움이 된다. 사실 삶에 있어서 공공기관과 접하지 않는 일이 오히려 적을 정도로 법과 규칙 속에서 살고 있다. 관련한 일처리도 많다. 회사 일만 해도 인허가, 법적 검토, 정부지원사업, 정부용역 등 공직 생활과 관련된 것은 너무나도 많다. 이 모든 것에서 조금이라도 도움이 되지 않았다면 거짓말이다. 공직 생활에서 배우거나 얻은 것은 큰 도움이 되고 있다.

Q18 이직 후 초반에 가장 큰 어려움이나 도전 과제는 무엇이었나요?

그동안 머리로 생각하고 걱정하던 모든 것이 현실이 된 그 자체가 가장 큰 어려움이다. 이직 전부터 머릿속으로는 '아, 나가서 성과를 내야 하고, 열심히가 아닌 잘해야 하고, 모자란 것들도 배워 나가야 하고…' 여러 생각을 하고 마음의 준비를 했지만 나와서 직접 맞닥뜨린 실전과는 다르니까 말이다. 안 쓰던 용어, 안 쓰던 작업 툴, 새로운 사람들, 불안정한 회사 등 모든 것이 어려움이고 해결해야 할 도전과제다. 그래도 가장 큰 어려움을 꼽자면 '회사가 영원할 것이라는 생각을 버리는 것'이 아닐까 싶다. 무의식중에 이 생활이 계속될 거라는 낙관적 믿음이 있으니까 말이다. 하지만 현실은 냉정하다. 당장 내년에 회사가 없어질 수도 있다는 것을 머리가 아닌 몸으로 자각하고 움직여야 한다. 이걸 몸속에 박아 넣는 것이 초반에 가장 큰 어려움이었다.

Q19 공무원 생활을 그만둔 후 느꼈던 첫 감정은 무엇이었나요?

'고생했고 대견하다.' 이 생각만 들었다. 그동안 겪었던 아픔, 고통, 노력의 시간들이 스쳐 지나가면서 힘들어도 결국은 포기하지 않은 스스로에 대한 뿌듯함이 가장 먼저 느껴졌다. 앞으로의 결과가 어떻게 될지는 모르겠지만 지금 이 순간에는 결국 관둔 스스로의 용기와 노력에 대해 무한한 칭찬과 감사를 전하고 자부심을 느끼고 싶었다. 단순히 '해방이다' 라는 감정과는 다른 좀 더 격하고 깊은 감동에 가까운 감정이었다.

Q20 공직을 그만두고 나서 겪은 가장 힘든 감정적 어려움은 무엇이었나요?

아무래도 경제적 문제, 지속적인 성과에 대한 압박감인 것 같다. 경제적 문제라는 것은 단순히 나 혼자만의 문제일 수도 있지만 부모님과 여자친구, 더 나아가 미래의 반려자까지 고려해야 하는 문제니까 말이다. 나 혼자 괜찮다고 괜찮은 것이 아니라 타인의 삶에도 영향을 끼칠 수 있는 문제이기에 이 부분의 압박감이 가장 컸다. 티 안 내고 보란 듯이 살아가려면 결국 성과에 대한 압박도 있다. 하지만 이제 처음 시작하는 입장에서 성과란 것이 그렇게 내기 쉬운 것은 아니다. 직장의 불안정성 때문에 개인적인 이별의 아픔을 겪은 적도 있다. 하지만 이러한 아픔이나 압박감이 나를 과거처럼 우울증과 같은 심연으로 밀어내지는 못했다. 그냥 압박이 된다. 스트레스를 받는다. 여기서만 그쳤다. 이전처럼 내 스스로 삶을 포기하고 싶거나 모든 게 끝이라는 절망적인 생각은 들지 않았다.

Q21 이직 후, 다시 돌아가고 싶다고 느낀 순간이 있었나요?

없다. 그 시절 함께했던 친구들이나 애인과의 시간이 그리울 수는 있어도 직장의 관점에서 보았을 때 돌아가고 싶다고 느낀 순간은 단 한 번도 없다. 앞으로도 없을 것이다.

Q22 연수원 시절, 동기들과의 관계에서 느꼈던 어려움은 무엇이었나요?

단순하게 이야기하면 같이 있을 때 재미가 없다는 점이다. 그리고 속을 완전히 터놓고 친해지기는 힘들겠다는 느낌이 들었다. 사람의 성향 자체가 다르고 가치관이 다르고 세계관이 다르고 모든 게 다른데 그냥 직업이 같다는 이유만으로 같은 공간에 동기라고 모아 둔 것이라 생각한다. 사실 내가 돌연변이였다. 모두가 그렇게 말했다. 내가 돌연변이였기에 그 단단한 집단에 들어가 있는 것 자체가 매우 어려웠다. 그리고 이 관계가 앞으로 직장 생활을 하면 평생 지속이 된다는 그 막막함도 큰 벽이었다.

Q23 적성을 찾는 과정에서 가장 큰 어려움은 무엇이었나요?

이게 정말 내 적성인지 진짜 직장에 다니고 일을 해 보기 전까지는 알 수 없다는 점이 가장 큰 어려움이었다. 학창 시절도 아니고 진짜 우울증으로 고통을 받으면서 이직할 곳을 찾기 위해 고르는 것이기에 이게 정말 내가 적성이라서 적성이라 생각하는지, 아니면 단순 현실에서 도피하고 싶어서 적성이라고 믿는 건지 이것을 판단하는 것이 가장 어려웠다. 돈과 시간을 들여 기껏 찾은 적성이 그냥 현실도피성 적성인 것을 미래에 깨닫게 되면 또 힘들어질 것이 분명했으니까 말이다. 평범한 상황이어도 일을 해 보기 전에는 적성임을 판단하는 것이 어려운데, 빨리 현실에서 도망치고 싶은 마음을 억누르면서 침착하게 정말 이 일이, 이 분야가 내 적성인지 판단해야 하는 점이 가장 어려웠다.

Q24 공직 생활을 하며 적성에 맞지 않는다고 생각한 순간은 언제인가요?

폴 킴의 노래제목처럼 '모든 날, 모든 순간'이 아닐까 싶다. 그래도 무언가 특정한 순간을 꼽자면 점심 시간에 회사 사람들과의 대화 혹은 동기들과의 저녁 약속 대화 때가 가장 적성에 맞지 않는다고 스스로 느끼는 순간이었다. 보통 회사 사람들, 동기끼리 밥을 먹거나 하면 대화 주제가 일에 관한 것이 된다. 그리고 누가 어느 부서를 가고, 승진을 하고 이런 이야기들을 많이 한다. 근데 놀라운 것은 이런 이야기가 진짜 하나도 궁금하지도 않고 듣고 싶지도 않다는 거였다. 아예 공직이라는 공동체에 관심이 하나도 없던 거였다. '아, 나는 진짜 여기가 적성에 맞지 않는구나. 애초에 그냥 여기에 소속되었다고 스스로 생각조차 안 하고 있구나'라고 느끼는 순간이었다.

'내가 잘하는 게 뭘까?', '공무원 제외하고 뭘 해야 먹고살 수 있을까?'라는 고민을 가장 많이 했다. 그래야 이 지옥 같은 곳에서 이 고통에서 벗어날 수 있으니까. 내가 잘하는 게 시험공부였고 그것으로 얻은 직업이 공무원이었다. 공무원을 하면 먹고살 수는 있지만 내가 먹고살려면 결국 이렇게 스스로 고통받고 힘든 방법밖에 없다는 그 생각 자체가 나를 더 힘들게 만들었다. 그래서 공무원 말고 내가 잘하고 먹고살 수 있는 방법을 꼭 찾고 싶었다. 그래서 열심히 일하면서 당당하게 먹고살고 싶었다. 휴직 기간 내내 내가 잘하는 게 뭔지 그것에 대해 고민한 것 같다.

Q26   휴직 기간은 어떻게 보냈나요? 특별히 시도한 일들이 있나요?

누구보다 치열하게 그리고 누구보다 고통받으며 누구보다 처절하게 보냈다. 밤에는 우울감과 자괴감 때문에 한숨도 못 자고 울면서 지내기도 하면서 낮에는 또 약 기운에 멍하게 지내기도 하면서 또 그 와중에 극복하고 싶어서 이 악물고 여러 가지를 시도했다. 본문에 언급한 대로 다양한 분야의 강의를 전부 듣고 실제로 실천해 보기도 했다. 여러 곳으로 이직 준비도 해 보았고, 낫기 위해서 병원, 상담, 신점까지 지푸라기라도 잡는 심정으로 모든 시도를 해 보았다. 어떻게 보면 가장 열심히 살았던 시절이기도 하다. 아프거나 아픈 걸 낫기 위해 노력하거나 두 가지 상태가 전부인 기간이었던 것 같다. 특별하다고 할 만한 건 없었다. 그냥 모든 게 살기 위해서 했던 발버둥이었다.

Q27 휴직 기간 동안 실패와 도전을 겪으며 깨달은 점은 무엇이었 나요?

당시에는 일단 세상이 원망스러웠다. 도전하는 것마다 실패하니까. 안 될 때 정말 지독히도 안 되는구나 생각도 들었다. 그래도 그러다 보니 그 과정에서 정말로 내가 좀 더 관심이 가고 잘하는 것이 무엇인지 구분이 가기 시작했다. 또 다양한 시도를 하고 실패를 겪으면서 세상이 참 넓고 할 일은 많다는 것을 깨달았다. 그래서 실패를 하면서도 계속 도전했다. 지금 하는 것에서 실패한다는 것이 인생 전체의 실패가 아니란 것을 알아 갔던 것 같다. '다른 거 시도해 보면 되지. 그러다가 나에게 맞는 걸 찾으면 그걸 열심히 하지' 이런 생각이 싹트게 되었다.

Q28 자신의 적성을 찾는 방법을 다른 사람들에게 설명해 준다면 무엇이 있을까요?

그냥 뭐든지 경험해 보는 것을 추천한다. 사람마다 디테일한 방법은 달라질 수 있지만 큰 법칙은 동일한 것 같다. 일단 무조건 해 봐라. 망설이지 말고 검토하지 말고 그 시간에 하나라도 더 경험하고 접해 봐라. 그러다가 맘에 들고 더 하고 싶고 스스로 잘한다 느껴지면 그때부터 각자의 방법에 따라 계획을 짜고 더 해 보면 그게 자신의 적성인지 아닌지 알 수 있다. 이게 내가 정립한 방법이다. 처음부터 스스로 분석하고 해당 직업이나 분야를 분석하고 맞는지 안 맞는지 이론적으로 따져 보기보다는 최대한 많이 공부하고 접해 보면서 끌리는 것에 좀 더 몰두해서 깊게 파 본다. 머리가 아닌 감성을 따르는 것일 수도 있겠지만 사실 적성에 맞는 것은 스스로 해 볼 때 드러나는 것이라 생각한다. 아무리 이론적으로 분석하고 이래 봤자 다 소용없다고 생각한다. 일단 해 보자. 그게 전부다.

Q29 지금까지 살아오며 가장 기억에 남는 실패는 무엇인가요?

실패가 무엇인지부터 정의를 해야 될 것 같다. 여기서 내가 생각하는 실패는 기존에 생각했던 목표와 많이 어긋난 것. 이 정도로 정의할 수 있을 것 같다. 이 정의에 따르면 내게는 많은 실패가 있었지만 공무원이 된 게 가장 기억에 남는 실패인 것 같다. 나는 잘 살기 위해서, 행복하기 위해서 공무원이 된 건데 가장 불행한 시간을 겪었고 삶에 대한 회의감마저 들었으니까 말이다. 가장 기억에 남는 실패라고 할 수 있을 것 같다. 그래도 그만큼 배운 게 많으니까 또 기억에 남는 것 같다.

Q30 실패를 통해 배우게 된 교훈이 있나요?

실패라는 결과를 있는 그대로 받아들이는 것이 가장 중요하다는 것을 알게 되었다. 사실 공무원을 선택한 것도 과거의 나에게 있어서는 최선의 선택이었다. 나 스스로 내게 안 좋은 선택을 할 일은 없다. 내 선택은 항상 그 상황에서 내게 최선의 선택일 수밖에 없다. 하지만 주어진 정보가 부족하고 인간이기에 불완전하고 모든 걸 예측하고 시뮬레이션하고 알 수가 없기에 그게 실패라는 결과로 나타난다. 그래서 이때 보통 자신의 선택을 후회하고 왜 그랬을까 자책하고, 난 이것밖에 안 되나 하면

5급 사무관을 때려치우다

서 무너지는 것 같다. 그냥 실패는 하나의 결과이고 과정이다. 나는 최선을 다했지만 여러 가지 상황상 그렇게 나타난 결과일 뿐이고 삶을 살아가는 과정 중의 하나다. 후회할 필요도 없다. 있는 그대로 받아들이고 다시 미래를 향해 나아가면 된다. 또다시 최선을 다하기만 하면 된다. 근데 실패를 그렇게 있는 그대로 받아들이지 못하면 스스로 자책하게 되거나 무기력감에 빠지게 되는 것 같다. 그렇게 되면 정말 그 순간 최선을 다할 수 없게 되고 진짜로 후회할 일이 생기게 되는 것 같다. 그냥 실패를 받아들이자. 그게 실패를 통해 배우게 된 가장 중요한 교훈인 것 같다.

Q31 공무원을 그만두고 나서 경제적인 불안감은 없었나요?

매우 많고 지금 이 책을 쓰고 있는 순간도 불안하다. 공무원 생활을 하면서 모아 둔 돈이 많은 것도 아니고 집이 풍족한 것도 아니기에 일이 잘되어야 지속적으로 먹고살 수 있는 상황이라 더더욱 불안하다. 매일매일을 경제적 불안감 속에 살고 있는 것 같다. 물론 그 수준에 있어서 각자의 차이는 있겠지만 어쨌든 회사가 망했을 때 수입이 0이 된다는 불안감은 항상 안고 있는 것 같고 그렇기에 더 열심히 살고 성과를 내려고 하는 것 같다.

Q32 공직 생활과 비교했을 때, 이직 후 일에서 가장 큰 차이점은 무엇인가요?

'성과와 책임 둘 모두가 오롯이 내 것이다'라는 점이 가장 큰 차이점인 것 같다. 공직에서는 이 업무가 내 업무라고 업무 분장이 되어 있긴 하지만 이 업무의 성과나 책임 자체가 내 삶에 바로 와닿는다고 느껴지진 않는다. 근데 지금은 내가 하는 사소한 일 하나하나가 회사의 운명을 좌지우지할 수 있고 내 인생을 좌지우지할 수 있는 것 같다. 성과도 내게 돌아오고 책임도 내게 돌아온다. 모든 것이 내게 달린 일이라는 게 가장 큰 차이점 같다.

Q33 이직을 고민하고 결심하는 데 중요한 마음가짐은 무엇이라 생각하나요?

'스스로에게 세심하나 주위에는 무신경한 마음가짐'이라고 생각한다. 이러한 마음가짐이 있어야만 자신의 진짜 마음을 돌아보면서 주위의 시선을 신경 안 쓰고 자신을 위한 이직의 방향을 정할 수 있다. 직업이란 건 사실 자신 위에 입는 또 하나의 옷이면서 타인이 나를 바라볼 때 나 자신보다 먼저 보게 되는 겉모습 중 하나다. 그래서 주위에 무신경하지 않으면 겉옷에 신경을 많이 쓸 수밖에 없다. 그리고 겉옷의 모양새에만 너무 신경을 쓰다 보면 정말 내가 원하는 바와는 달라질 수 있다. 이직을 하기 위해서는 이래서는 안 된다. 남이 아닌 자신의 목소리를 들어야 한다. 그래서 나 자신에게는 세심하나 주위 시선에는 무신경한 마음가짐이 가장 중요하다고 생각한다.

Q34 공직에서의 안정과 민간에서의 불안을 비교해 본다면, 어떤 차이가 있나요?

간단하게 이야기하면 '희망 없는 안정은 지옥이고, 희망 있는 불안은 삶이다'라고 말할 수 있다. 희망 있는 불안이 이상적인 천국이라고까지는 생각하지 않는다. 그래도 그것은 삶이라고 할 수 있을 것 같다. 희로애락이 있고 웃음과 슬픔이 공존하는 누구나 누리면서 사는 그런 삶 말이다. 하지만 희망 없는 안정은 삶이 아니고 지옥이라고밖에 말할 수 없을 것 같다. 내게 공직에서의 안정은 지옥이었고 민간에서의 불안은 삶이다.

Q35 새로운 직장에서도 외로움을 느낄 때가 있나요? 그럴 땐 어떻게 대처하나요?

당연히 있다. 일이 생각대로 안 되어 가고 내 능력이 부족하다고 느낄 때, 일에 관해서 주위의 도움을 못 받는다고 느낄 때, 혼자 아등바등하는 것처럼 느껴질 때가 있다. 그때는 특별한 대처법이 있다. 운동 열심히 하고, 맛있는 고기 먹고, 푹 잔다. 이러면 다 낫는다. 이직 후의 고통과 슬픔 등은 인간으로서 겪는 당연한 감정일 뿐이라 생각한다. 그게 과거처럼 지속되고 우울증이 되고 날 심연으로 밀어 버리지는 않는다. 그냥 잘 먹고 잘 쉬면 회복된다. 희망이 있기 때문인 것 같다. 털어 내고 다시 열심히 하면 더 나아지겠지, 그렇게 생각한다.

Q36 앞으로 남은 인생에서 가장 이루고 싶은 목표는 무엇인가요?

갑자기 일과 다른 차원의 이야기를 하게 되는 것 같은데 나는 진심으로 사랑하는 사람을 찾는 게 남은 목표다. 크게 보면 내가 이직을 한 것도 일부는 이 목표 때문이라고도 할 수 있다. 결국 인생은 혼자라서 외롭고, 혼자라서 고통스럽기에 함께할 사랑하는 사람이 필요하다고 생각한다. 철저하게 혼자기에 옆에 있을 사람이 필요하다. 하지만 또 혼자이기에 스스로 혼자 인생을 살아갈 수 있어야 한다고 생각한다. 내가 내 두 발로 오롯이 설 줄 알아야 진정으로 사랑하는 사람을 만나서 사랑을 주고받을 수 있다고 생각한다. 그래서 내 발로 오롯이 서기 위해서 제 적성과 꿈을 좇아 나오게 된 것이다. 아무튼 나는 앞으로 인생에 있어서 내가 진정으로 사랑하는 사람을 찾는 것이 가장 이루고 싶은 목표다.

Q37 운의 상승과 하락이 반복되는 인생에서 이에 대처하는 자신만의 팁이 있다면?

일단 가장 중요한 것은 내가 지금 상승구간인지 하락구간인지 자체적으로 평가하는 것인 것 같다. 단순하다. 내가 진짜 과거처럼 열심히 하고 최선을 다했는데 결과들이 다 실패다? 그럼 하락구간이다. 그런데 노력한 대로 나오고 그 이상도 나오는 것 같다? 상승구간이다. 만약 하락구간이라면 하고 싶은 것은 절대 하지 마라. 참아라. 지금 스스로에게 주어진 해야 하는 일만 해라. 그리고 매사 조심하고 보수적으로 행동해라. 힘들어도 참고 버티고 해야 할 일을 꾸준히 하는 것에만 집중해라. 그리고 주위에서 오는 도움을 감사하는 마음으로 받아들여라. 자존심 부리면서 밀어내지 마라. 그러면 내리막이 나도 모르게 지나가고 다시금 날아오를 상승구간이 시작될 것이다. 만약 상승구간이라면 여력이 남을 것이다. 그 여력으로 다른 사람을 도와라. 대가를 바라지 말고 그냥 퍼 주듯이 도와라. 내가 하락구간이 오면 이 사람들에게 돌려받아야지 이런 생각도 버린 채로 그냥 내게 소중한 사람들에게 베푸는 시간을 가져라. 그럼 주위에 자연스레 좋은 사람과 좋은 기운만 남는다.

Q38 공직에서 힘들어하고 있는 분들에게 전하고 싶은 현실적인 조언은 무엇인가요?

정말 현실적인 조언은 아플 때 아픈 것을 부인하지 말라는 것이다. 아프면 아프다고 하고 쉬어라. 자신을 망치지 마라. 여러분이 공직에 맞을 수도 있고 안 맞을 수도 있다. 그건 여러분 잘못이 아니다. 아플 수도 있다. 그것을 방치하지는 마라. 여러분의 몸은 여러분만 챙길 수 있다. 여러분의 건강은 그 어떠한 상황에도 최우선이 되어야 한다. 그러니 아프면 아프다고 하고 정 안 되겠으면 휴직하든지 퇴직하든지 해라. 당신의 건강보다 목숨보다 우선시되어야 할 것은 아무것도 없다.

Q39 질문을 중요시하는 것 같은데 지금 자신에게 인생에서 가장 중요한 질문을 던진다면 무엇인가요?

좋은 질문인 것 같다. 단순히 질문을 던지고 답을 원하는 것이 아닌 어떠한 질문을 던질 것이냐는 질문이 색다르다. 여러 가지 질문이 떠오르는데 지금 내게 있어서 가장 중요한 질문은 이 질문이다. "너 지금 최선을 다하고 있니?" 무서울 수도 냉정할 수도 있는 질문인데, 내게는 이 질문이 가장 중요한 것 같다. 나는 지금 최선을 다하고 있는가, 지금의 이 결과는 내가 최선을 다한 결과인가, 아니면 농땡이를 핀 결과인가. 나는 항상 내 최선인가 아니면 최선인 척하는 게으름뱅이인가. 난 후회하고 싶지 않기 때문에 인생의 끝에서 웃고 싶기 때문에 이 질문이 가장 중요한 것 같다. 때로는 최선을 다하지 않는 순간도 분명히 있을 것이다. 그러한 인내심도 체력도 그 사람의 능력이다. 힘들 때 잘 쉬고 스스로를 돌아보는 것도 스스로를 위한 최선이다. 그래서 나는 모든 순간 계속 스스로에게 질문을 던진다. "너 지금 그게 최선이야?" 하고 말이다.

Q40 마지막으로 독자들에게 하고 싶은 말이 있다면?

먼저 내 글을 읽어 주서서 감사하다는 말을 전하고 싶다. 그리고 정말 직장, 진로, 마음의 병 등과 관련되어 궁금한 점이 있거나 의논이 필요하면 dhsgn123@naver.com 메일로 정말 편하게 연락 주서도 된다. 성심성의껏 답변드리도록 하겠다.

책을 쓰면서 내가 책에 쓴 내용이 '진실에 대한 주장'으로서 읽힐까 봐 걱정을 많이 했다. 이 책은 증명된 사실도 대단한 이론도 아닌 내 개인의 인생 고민 이야기일 뿐이다. 물론 이 책을 읽은 분들이 책을 통해 영감을 얻고 고민 해결에 도움이 된다면 정말 행복할 것 같다. 하지만 이 책 속의 내 의견이 절대적 진리라고 생각치는 않고 그런 방향으로 읽히기를 원치도 않는다. 또 책을 통해 한 사람의 생각에 영향을 미치게 되는 것도 어떻게 보면 두렵다. 각자에겐 각자의 소중한 생각과 인생이 있다고 생각한다. 그래서 최대한 남의 생각에 강제적으로 영향을 끼치고 싶지 않다. 공유와 의논을 통해 서로의 생각이 발전하기를 원한다. 나 또한 다른 책을 읽을 때 최대한 그런 관점으로 읽으려고 한다. 이 책은 그저 '황온후'라는 한 개인의 생각이 담긴 책일 뿐이다. 이 책을 읽으신 모든 분들, 아니 세상 모든 사람들에게도 각자의 인생이라는 책이 있다고 생각한다. 이 책을 읽으신 모든 분들이 자신의 인생이란 책을 소중히 여기고 잘 가꾸어 나갔으면 한다.

5급 사무관을
때려치우다

ⓒ 황온후, 2025

초판 1쇄 발행 2025년 2월 17일

지은이   황온후
펴낸이   이기봉
편집   좋은땅 편집팀
펴낸곳   도서출판 좋은땅
주소   서울특별시 마포구 양화로12길 26 지월드빌딩 (서교동 395-7)
전화   02)374-8616~7
팩스   02)374-8614
이메일   gworldbook@naver.com
홈페이지   www.g-world.co.kr

ISBN   979-11-388-3998-3 (03320)